일과 수행, 그 아름다운 조화

정토출판

일과 수행,
그 아름다운 조화

정토총서를 발간하며

지금 우리 인류는 인간성 상실, 공동체 붕괴, 자연환경 파괴라는
중대한 위기에 처해 있다. 이 위기를 극복하기 위해서,
우리는 불교의 근본 가르침 속에서 그 해답을 찾고자 한다.
첫째, 연기법을 우리의 세계관으로 삼는다
'이것이 있으므로 저것이 있고, 이것이 없으면 저것도 없다'는
존재의 상호 연관성이 '존재하는 모든 것들의 있는 그대로의 모습'이다.
'네가 죽으면 나도 죽고 네가 살면 나도 산다. 네가 불행하면 나도 불행하고,
네가 행복하면 나도 행복하다'는 연기적 세계관에 입각하여 함께 살고
함께 행복해지는 이 길을 추구한다.
여러 가지 꽃들이 모여 하나의 화단을 이루듯이 각자의 다양한 개성이 모여
조화와 균형을 이루게 하여 시기와 질투를 뛰어넘어 사랑을,
대립과 경쟁을 뛰어넘어 화합을, 투쟁과 전쟁을 뛰어넘어 평화를 이루는
새로운 문명을 창조하고자 한다.
둘째, 부처님과 보살을 우리 삶의 모범으로 삼는다
평생을 가사 한 벌과 바루 한 개로 걸식하며 살아가신 부처님의 삶을 본받아,
적게 먹고, 적게 입고, 적게 자며, 어디에도 구애받지 않고 살아가는
구도자의 자세를 갖는다.
나아가 중생의 아픔을 자신의 아픔으로 여기고 스스로 사바세계와 지옥 속으로

뛰어들어 중생을 구제하시는 대비 관세음보살님과 대원 지장보살님의
원력을 본받아 모든 중생을 구원하는 대승보살이 되고자 한다.
셋째, 무아(無我) · 무소유(無所有) · 무아집(無我執)을 수행의 지표로 삼는다
정토세계를 이룩하기 위하여 나를 버리고, 내 것을 버리고,
내 고집을 버리고 오직 중생의 요구에 수순하는 보살이 되고자 한다.
그리하여 한 생각 돌이켜 사로잡힘에서 벗어나 괴로움도 없고 얽매임도 없는
대자유인(成佛)이 되고자 한다.
나아가 인류에게 불어닥친 이 위기를 극복하고 행복한 인생(맑은 마음),
평화로운 사회(좋은 벗), 아름다운 자연(깨끗한 땅)을 일구어
살기 좋은 세상(淨土)을 만들고자 한다.

정토총서는 이러한 서원에 따라 수행 · 복지 · 평화 · 환경 등
우리 삶의 과제에 대한 대안을 제시하고자 한다.
1998. 10

이 책을 엮어내며

지금 이 곳에 맑은 마음 · 좋은 벗 · 깨끗한 땅-정토를 실현하겠다는 원을 세우고,
작은 힘이라도 내어놓고 함께 일하면서 자기를 닦는 수행을 해나가는 사람들이 있습니다.
일과 생활 가운데 늘 자신의 마음을 살펴 자유로운 사람, 행복한 사람이 되고,
이웃과 세상에 보탬이 되는 삶을 살아가고자 서원하고 실천하는 사람들입니다.

해마다 8월이 되면 전국 곳곳에서 그리고 해외로 흩어져서 활동하고 있는 정토행자들이
한 자리에 모여 지도법사이신 법륜스님을 모시고 법문도 듣고 함께 정진하고 일하면서
자기를 점검하는 시간을 갖습니다.
지금도 그 때의 감동이 되살아납니다. 문경 정토수련원에 함께 모여
새벽, 낮, 저녁으로 스님 말씀도 듣고, 낮잠도 자고, 그룹별로 모여서 대화의 시간도 갖고,
아픈 사람은 한편에서 마음껏 쉬고, 건강한 사람은 한편에서 굵은 빗방울도
아랑곳하지 않고 노래하고 춤추며 놀이처럼 나무 판자집을 지으며
그렇게 휴식인지 놀이인지 노동인지 수련인지 알 수 없는,
오로지 함께 함의 기쁨과 감동 속에서 쏜살같이 지나갔던 일주일.
개인은 삶 속에서 어떻게 맑은 마음, 좋은 벗, 깨끗한 땅을 이룰 수 있는지,
혼자만이 아니라 도반과 더불어, 대중과 더불어 함께 일해 나갈 때 어떻게 해야
원도 성취하고 서로에게 도움이 될 수 있는지, 스스로도 기쁘고
남도 기쁜 삶을 이루고자 하는데 왜 괴로움이 발생하는지, 왜 함께 하는 도반 간에 갈등이

생겨나는지, 지금 이대로 즐겁고 기쁜 삶이 되지 못하는 것은 무엇 때문인지,
무엇을 더 집중해서 관찰하고 닦아나가야 할지 등 크고 작은 깨달음을 얻게 되는
소중한 시간들이지요.
지금 이 시간에도 이 세상 곳곳에서 여러 가지 모습으로 이웃과 더불어 아픔과
슬픔을 함께 하며, 기쁨을 키워가는 이름 모를 정토행자들이 많이 계실 것입니다.
보이게, 보이지 않게 보다 아름다운 세상, 서로 살리는 은혜로운 세상을
가꾸어 가기 위해 혼신의 힘을 기울이며 때로는 울고 웃으며 애쓰고 계시는 님들의
모습이 눈앞에 환하게 그려집니다.

이 책은 주로 2000년 여름 수련 중에서 깨우침의 기쁨을 함께 나누고자 스님의 말씀 중에
몇 가지를 모아보았습니다. 일하는 가운데 수행은 어떻게 하는 것인지,
대중과 함께 새로운 세상을 열어가려면 어떻게 해야 하는지,
그 일을 하는 속에 어떻게 자기실현을 해나가는지, 재미있게 사는 길, 보람있게 사는 길,
서로 살리고 화합하는 공동체를 이루는 길 등에 대한 말씀들을 모아보았습니다.

일을 하다보면 크고 작은 어려움과 문제의식에 직면하게 됩니다.
이상대로 현실이 따라주지 않을 때, 능력의 한계를 느낄 때, 도반들 간에 갈등이 생기고
마음이 맞지 않을 때, 나도 모르게 어느 새 내 위치가 지도자의 위치로 되어갈 때,

더 많은 사람들과 뜻을 함께 하고 싶지만 어떻게 시작해야 할지 알 수 없을 때,
일하는 과정이 그대로 자기실현이 되고 아름답고 기쁜 삶이 될 수 있는 길을 구하고
있을 때 이 책은 좋은 길잡이가 되어줄 것입니다.
좋은 스승, 좋은 도반이 되어줄 것입니다. 구체적인 실천과 경험 속에서 나온 이야기들이기에
더욱 더 가깝게 다가설 수 있을 것입니다.
물론 못다 한 이야기가 많습니다. 부족한 이야기도 있을 것입니다.
다른 견해도 있겠지요. 그 여백과 부족함은 구체적인 실천현장에서
그리고 만남을 통해 같이 다듬고 채우고 바꾸어갈 수 있다면 더 바랄 것이 없겠습니다.

2002. 1. 31
정토회 기획실

차례

정토총서를 발간하며   4

이 책을 엮어내며   6

닦는 마음, 변화의 시작   10

일과 수행, 그 아름다운 조화   66

대중과 함께 새로운 세상을 열어가는 길   114

재미있게 사는 길   136

닦는 마음, 변화의 시작

우리가 세상을 살아가면서 부딪치는 모든 것이 중요하지 않은 것이 없습니다. 그러나 그 가운데에도 좀더 깊이 생각해 보아야 할 일들이 있습니다. 예를 들어 삶의 여러 가지 괴로움들, 몸과 마음의 건강, 삶을 아름답게 하는 올바른 가치에 대한 생각들… 이런 것들에 대해서 깊이 탐구해 볼 필요가 있습니다.

인생살이가 고통스럽습니까?

우리 사바세계에는 젊었거나 늙었거나, 남자이거나 여자이거나, 지위가 높거나 낮거나에 상관없이 항상 괴로움에 싸여 살아가는 사람이 많습니다. 그들은 마치 세상 고민을 혼자 다 짊어진 것 같은 표정으로 살아갑니다. 기껏해야 백 년 정도인 우리네 인생살이를 무엇이 그렇게 고민스럽게 만드는 것일까. 과연 어떤 사람들이 어떤 고통에 휩싸여 있는가를 차근차근 살펴보면서 자신의 마음자리도 돌아보겠습니다.

첫 번째는 괴롭다고 하는 사람입니다. 이렇게 괴로워하는 사람은 과거에 집착하는 사람입니다. 이미 지나가 버린 일을 잊지 못하고 마치 비디오를 보듯 자꾸만 지나간 일을 재생시켜 지금 일어나고 있는 것 같은 착각 속에서 살아가고 있습니다. 이런 사람들은 과거는 이미 지나가고 없다는 것을 항상 관(觀)해야 합니다. 지나간 일에 대해 집착하지 않으면 괴로울 일이 없습니다.

두 번째는 근심 걱정하는 사람입니다. 그는 미래에 집착하는 사람입니다. 미래는 아직 오지 않아 없는 데도, 내일 일, 모레 일, 십 년 후의 일을 끌어당겨서 마치 현재 일어나고 있는 일처럼 생각하기 때문에 근심과 걱정이 생겨납니다. 초조, 불안, 근심 걱정이 일어날 때 무엇 때문에 그런가 자신을 잘 살펴보십시오.

이미 지나가 버린 일을 현재로 가져오면 괴로워지고, 아직 오지도 않은 일을 미리 끌어당겨 현재로 가져오면 근심스러워집니다. '내일 어떻게 될까, 모레 어떻게 될까, 앞으로 어떻게 될까……' 초조와 불안은 다 이런 마음에서 생기는 것입니다. 과거에도 집착하지 않고 미래에도 집착하지 않으면 괴로울 일도 걱정할 일도 없습니다. 똑같은 상황에 놓여 있어도 즐거운 사람이 있는가 하면, 괴로운 사람도 있습니다. 괴로운 사람이나 근심 걱정이 많은 사람은 둘 다 생각이 많은 사람입니다. 생각을 한다는 것은 어느 한 순간에 집착하고 있음을 말합니다. 그래서 이런 말이 있습니다.

'다만 현재에 집중하라. 깨어 있어라. 과거도 놓아버리고, 미래도 놓아버려라.'

세 번째는 화내고 짜증내는 사람입니다. 이것은 자기가 옳다는 생각에 집착하는 사람입니다. '이렇게 해야 되는데, 저렇게 해야 되는데' '이게 옳은데, 저게 옳은데' 하는 생각에 사로잡혀 있는 것입니다. 이런 생각을 쫓아가면 세상만사가 다 자기 마음에 들지 않게 됩니다. 당연히 화가 나고 짜증이 날 수밖에 없습니다.

네 번째는 외로운 사람입니다. 혼자 있으면 어딘가 허전하고 외로운 것은 의지처에 집착하기 때문입니다. 어딘가 기댈 곳이 꼭 있어야 된다는 생각은 남자보다 여자가 더 많이 합니다. 이는 신체구조가 아닌 의식구조 때문입니다. 어려서부터 사회적으로 제약을 많이 받고 살아온 터라 주체적으로 홀로 서지 못하고, 누군가의 도움을 필요로 하는 것입니다. 여자가 남자보다 주체적이지 못하다고 하면 반기를 들고나올 여성들이 있을 것입니다. 물론 요즘에는 남자보다도 더 활동적으로 살아가는 여성들이 많이 있습니다. 사회환경이 바뀌면서 의식구조도 그에 맞게 변했기 때문입니다. 그러므로 옛날보다 여자들에게 사회진출의 폭이 훨씬 넓어지고, 그 속에서 자신의 기량을 발휘할 수 있는 기회가 사회적으로 많이 보장되어 있습니다. 그렇지만 아직까지 여성들이 남성들보다 비주체적인 면을 더 많이 가지고 있는 것도 엄연한 현실입니다.

본래 의지처는 없습니다. 과거와 미래, 자기 관념, 어디에도 집착하지 마십시오. 집착하는 순간 괴로움이 생깁니다. '머무름이 없는 마음'을 깨닫게 되면 삶의 고통스러움은 사라집니다. 삶의 많은 문제들이 자연스럽게 풀려서 물 흐르듯 부드럽게 흘러갈 것입니다. 마음 닦는다고 공연히 단식할 일도 없고 이 산 저 산 찾아다닐 필요도 없습니다. 이 책 저 책 뒤져가며 고민할 필요도 없고 호흡법을 익히느라 애쓰지 않아도 됩니다. 이 이치만 알면 인생살이에서 고민할 것은 아무것도 없습니다.

그런데, 시키는 대로 해봤는 데도 안 된다고 하는 사람들이 있습니다. 그러나 그것은 제대로 하지 않았기 때문입니다. 과거에 대한 집착을 놓아버리면 괴로울 일이 없어집니다. 미래에 대한 집착을 놓아버리면 근심과 걱정이 사라집니다. 나의 관념과 견해에 대한 집착을 놓아버리면 미워하고 화내는 마음, 짜증내는 마음이 소멸합니다. 비록 순간 괴롭다고 해도 그것이 집착 때문인 줄 알고 놓아버리면 금방 벗어나게 됩니다. 스스로 '아, 내가 지금 집착하고 있구나!' 하고 알게 되는 순간 모든 괴로움은 즉시 사라집니다.

'자라 보고 놀란 가슴, 솥뚜껑 보고 놀란다' 라는 속담이 있습니다. 뱀에 한 번 물린 경험이 있는 사람은 고무로 만든 뱀을 보고도 놀랍니다. 그것은 뱀에 물렸던 기억에 집착해 또 물릴까봐 두려워하기 때문입니다. 그러나 두려워할 까닭이 없습니다. 오히려 뱀에 한 번 물려 본 사람은 그 경험을 살려 뱀에 대한 지혜가 생겨 더는 두려워하지 않게 됩니다. 그런데도 사람들은 자신이 뱀에 물렸던 기억에 집착하여 스스로 두려워합니다.

정토수련원에는 많은 사람들이 마음을 닦기 위해 찾아옵니다. 서로 한 자리에 모여 며칠 수련을 하는 동안 사람들은 타인들을 보고 자신과 비교합니다. 못을 칠 때는 못만 치고, 괭이질 할 때는 괭이질만 하면 되는데, 남이 조금 잘하는 것을 보면 열등감을 느껴 괴로워하기도 하고, 또 자신이 조금 잘한다고 하면 우월의식에 들뜨기도 합니다. 그러면서 과거 자신의 경험과 기억에 비추어 자기 생각을 만들어내기 때문에 갖가지 분별심이 생깁니다. 그 모습이 바로 자기 자신의 모습입니다. 바로 그 모습을 거울처럼 비춰보며 자기를 깨닫는 것이 수행입니다. 일하는 동안 그런 자신의 모습을 잘 살펴보아야 합니다. 다만 자기 할 일을 열심히 하면서 자신을 지켜보기만 하면 됩니다. '이 일을 빨리 끝내야만 한다'든지 '된다, 안 된다'에 집착하면 시간이 흐를수록 마음이 불안하고 초조해집니다.

건강한 삶

건강에 관한 이야기입니다. 사람들은 흔히 몸과 마음 중 어느 한쪽만 생각합니다. 몸의 건강을 생각하는 사람은 마음을 잊고, 마음의 건강을 생각하는 사람은 몸을 소홀히 하기 쉽습니다. 그러나 이것은 치우친 견해입니다. 몸과 마음 모두를 균형 있게 돌보아야 합니다. 건강한 몸에서 건강한 힘이 솟아납니다.

사람뿐만 아니라 모든 생물의 생존에 가장 필요한 것은 공기, 물, 음식입니다. 공기가 맑고 물이 깨끗해야 건강한 몸을 유지할 수 있는데 공해로 공기와 물이 오염되었기 때문에 도시 사람들은 건강을 지키기가 매우 어렵게 되었습니다. 하지만 시골에는 건강하게 장수하는 노인들이 아직도 많습니다. 맑은 공기와 좋은 물 때문입니다. 시골에서 그렇게 장수하는 노인분들의 특징 가운데 하나가 소식(小食)입니다. 현대 도시인들은 너무 많이, 너무 다양한 음식을 먹습니다. 그것은 혀의 즐거움과 배 두드리는 재미를 가져다 주는 대신 동시에 수명단축이라는 선물도 함께 가져다 줍니다. 일본 사람들도 소식(小食)한다고 합니다. 기름기 있는 음식을 피하고, 주로 생선이나 채소 같은 것으로 간단하게 먹습니다. 그렇게 적게 먹고 사는 일본 사람들의 수명이 세계에서 제일 깁니다. 미국 사람들은 풍요로움 속에서 좋은 음식을 많이 먹지만 평균 수명이 그다지 길지 않습니다. 또한 제3세계인들은 과다노동이나 영양결핍, 질병으로 인해 수명이 매우 짧습니다.

 잠은 푹 잘 자야 합니다. 많이 자면 좋은 줄 알지만 사실은 사람들이 대부분 많은 시간을 꿈속에서 헤맵니다. 이것은 숙면을 취하지 못한다는 뜻입니다. 밤새도록 꿈꾸다 깨어나니 머리가 맑지 않고, 날이 환하게 밝았어도 가뿐하게 자리를 털고 일어나지 못합니다. 한 시간을 자든, 두 시간을 자든, 꿈속을 헤매지 않고 푹 자는 것이 중요합니다. 현대인들은 머리가 너무 복잡해서 숙면을 취하기가 어렵습니다. 하지만 농사를 짓거나 집을 짓는 등 육체노동을 하는 사람들은 비교적 잠을 잘 잡니다. 요즘 사람들이 대부분 건강하지 못한 이유는 육체노동을 기피하기 때문입니다. 뙤약볕 아래에서 논일이나 밭일하는 모습이 남들에게는 힘들고 불쌍해 보일지 모르지만, 그것은 좋은 운동입니다.

옛날에는 노동이 운동인 동시에 생산활동이었는데, 요즘은 운동 따로 일 따로 합니다. 출근거리가 가까워 걸어가도 될 곳을 차를 타고 가고는 또 따로 시간을 내어 헬스클럽에서 운동을 합니다. 이것은 그 사람 자신에게도 그렇지만 환경적으로도 엄청난 낭비가 됩니다. 평균 수명을 따져 보아도 자동차를 타고 다니는 사람보다 걸어 다니는 사람들이 오래 삽니다.

또한 건강하게 살려면 정신적으로는 생각을 적게 해야 합니다. 그리고 깊게 탐구하는 마음자세를 가져야 합니다. 잠깐만이라도 자기 자신을 잘 살펴보면 순간순간 얼마나 많은 생각을 하고 지냈는지를 알 수 있을 것입니다. 사람들은 생각하는 것과

연구하는 것을 혼동합니다.

한 가지 예를 들어 살펴보겠습니다. 어떤 사람이 절벽을 기어올라가야 한다고 합시다. 그가 만약 높은 절벽 앞에 서서

'여기를 어떻게 올라가라고 하나?'

하고 불편한 마음을 일으킨다면 그는 생각이 많은 사람입니다.

연구하는 사람은 다릅니다.

'어떻게 하면 올라갈 수 있을까?'

하고 나름대로 방법을 열심히 찾습니다. 연구하는 사람은

'밧줄을 이용하면 될까? 아니면 사다리를 놓을까?'

하고 이쪽으로도 시도해 보고, 저쪽으로도 시도해 보지만, 생각이 많은 사람은

'이 녀석들, 사다리 하나도 설치해 놓지 않고, 밧줄도 걸어 놓지 않은 상태에서 이 절벽을 도대체 어떻게 올라가라는 거야?'

하며 불평합니다. 그래서 한 번, 두 번, 세 번, 네 번 시도를 해볼수록 불평 불만만 더 커져서 좌절하게 됩니다. 연구하는 사람은 한 번, 두 번, 세 번, 네 번 시도를 해보면서 올라가는 길을 조금씩 찾아냅니다. 결국 그 사람은 실패를 하면 할수록 성공에 점점 가까워집니다. 만약 아인슈타인이 생각으로 일을 하였다면 머리

가 아파 오래 지속하기 힘들었을 것입니다. 그러나 그에게 있어 연구는 일종의 재미있는 놀이였기 때문에 이렇게도 해보고 저렇게도 해보다가 좋은 결과를 얻을 수 있었던 것입니다.

생각은 적으면 적을수록 좋은 것입니다. 생각이 많으면 오히려 연구하는 자세에 방해만 됩니다. 생각은 머리를 복잡하게 할 뿐입니다.

지나간 일은 잊어버리는 것이 좋습니다. 기억하지 말라는 말이 아니라 집착하지 말라는 뜻입니다. 아이들은 지금 일어난 일에 늘 집중합니다. 그래서 한 대 얻어맞아 화가 났다 하더라도 새로운 일이 벌어지면 지나간 것은 금방 놓아버립니다. 어린애들이 눈물을 흘리고 울다가도 금방 웃을 수 있는 것은 집착이 없기 때문입니다. 그래서 아이들 표정은 항상 밝지만, 어른들은 늘 무엇인가에 집착해 있으므로 표정이 무겁고 어둡습니다.

건강이 나쁘거나, 근심 걱정이 많은 사람들은 늘 이곳저곳을 떠돕니다.

'여기 가면 괜찮을까? 저기 가면 낫겠지?'

그들은 이런 생각을 하지만, 그것은 좋지 않은 생각입니다. 장소를 옮기고 사람을 바꾼다고 해서 문제가 해결되지는 않습니다. 그것은 기껏해야 일시적 해결책이 될 뿐입니다. 도시에 있으면 산에 가고 싶고 산에 있으면 도시에 가고 싶은 것과 같습니다. 그러므로 지금 사는 데서 문제의 뿌리를 뽑아야 합니다. 절에서 잘 살던 사람이 밖에 나가 결혼해서 살겠다고 하면 나는 기꺼이 그렇게 하라고 합니다. 왜냐 하면 그는 밖에서도 잘 살 것이기 때문입니다. 다만 안타까운 마음이 있을 뿐입니다. 그런데 절에서도 제대로 못 살면서 밖에 가서 살겠다는 사람은 말립니다. 왜냐 하면 이런 사람은 밖에서도 제대로 못 살 것이기 때문입니다. 이런 사람은 자기 수행을 더해야 합니다.

어떤 문제가 있을 때, 상황의 본질을 파악할 수 있어야 합니다. 그래서 바로 그것이 자기 업이고 자기 모순이며, 바로 자기가 자기를 괴롭히는 것이라고 받아들일 수 있어야 합니다. 현명한 것과 그렇지 못한 것의 차이는 크지 않습니다.

현명하다는 것은 한두 번 해보고 바로 그 이치를 아는 것입니다.

'이렇게 생각해서 했는데 왜 이렇게 될까?'

'좋아서 이 사람을 만났는데 왜 이렇게 되었을까?'

이렇게 살펴서 문제의 원인이 무엇이었는지를 알아차리는

것입니다. 그것이 바로 깨달음이고 이치를 아는 것입니다. 이것은 나이나 학벌과는 전혀 관계가 없습니다. 이 탐구라는 것은 꼭 책을 보고 거창하게 해야 하는 것은 아닙니다. 집을 튼튼하게 지으려면 못은 어떻게 치는 것이 좋은지, 톱질은 어떻게 해야 나무가 상하지 않는지, 낫을 어떤 각도로 잡아당겨야 힘도 덜 들고 풀을 잘 벨 수 있는지 생각하는 것이 모두 탐구입니다. 낫을 직각으로 당기면 힘이 듭니다. 벼를 벨 때도 낫을 어느 정도 기울여서 잡고 당기면 잘 베어집니다. 이렇게 무엇이든 몇 번 해 보면서 자꾸 탐구를 해야 합니다. 그것이 창조성입니다. 그것이 학문적인 연구가 되었든, 생활에 직접 관련된 연구가 되었든, 아니면 연애를 하면서도 상대에 어떻게 집착하면 어떤 갈등이 생기고 무엇 때문에 괴로워지는지를 연구하는 것이든 관계없습니다. 한두 번 해보면서 어떻게 하는 것이 최선이고 가장 좋은 것인지를 터득해 가는 것, 이것이 바로 참구(參究)이며 탐구입니다.

이 이야기를 듣고 진실로 탐구하는 자세로 살면서 주변 사물을 관찰해 보면 이해가 빠르고 증득이 되지만, 머릿속에 이론적으로만 간직한다면 실제 생활에는 접목될 수가 없습니다. 그래서 '시키는 대로 해봤는데 하나도 안 되더라'라고 말하게 되는 것입니다. 진실한 탐구의 자세로 살아가면 삶의 본질을 읽어낼 수가 있습니다. 삶의 본질적인 모습을 깨닫게 되면 이런 저런 문제들에 얽매이고 고통받는 일이 사라집니다. 그것이 바로 마음의 중심을 잡아가는 일입니다.

상생의 길

우리는 더 좋은 세상, 더 아름다운 삶을 만들기 위해 여러 종류의 사회운동을 합니다. 그러면서 모두 사랑과 정의를 얘기합니다. 과연 사랑과 정의란 무엇일까요?

사람들은 누구나 상대로부터 이익을 보려는 심리가 있습니다. 그래서 자기보다 얼굴이 잘난 사람, 키가 큰 사람, 지식이 많은 사람, 재산이 많은 사람, 권력이 높은 사람을 골라가며 만납니다. 무엇인가 득을 보기 위해서입니다. 그러니 자기보다 못한 사람에게 관심을 가질 까닭이 없습니다. 그렇지만 사랑은 바로 자기보다 못한 사람에게 관심을 갖는 것입니다. 이것은 어떤 대가를 바라는 마음이 아닙니다. 길을 가다가 넘어진 어린아이를 일으켜 세워준다든지, 몸이 불편한 사람의 짐을 들어주는 것, 이 사소한 행위에 깃든 다른 사람을 생각하는 마음, 바로 그것이 사랑입니다. 이런 사랑 속에는 다른 사람의 처지를 헤아리는 마음이 있습니다. 사랑은 배고픈 사람의 처지를 생각해서 음식을 주는 것이고, 아픈 사람의 처지를 생각해서 약을 주는 것이며, 괴로운 사람의 처지를 이해해서 친구가 되어 주는 것입니다. 또 과부와 홀아비의 처지를 이해해서 중매를 서 주는 것입니다. 옛말에 '홀로 된 어버이에게 제일 효자는 짝을 구해 주는 자식'이라는 말이 있습니다. 재혼을 금지시켰던 유교사회에서는 사실 있을 수 없는 말입니다. 그런데도 이 말이 널리 쓰였던 것은 다른 사람의 처지에 대한 이해가 그만큼 중요하기 때문입니다. 다른 사람의 처지에 대한 이해, 그리고 돕는 마음, 이것이 바로 사랑의 마음입니다.

우리 시대의 정의는 어리석은 사람을 깨우쳐 주는 것입니다. 남녀가 평등한데 어리석게 그것을 잘못 알아서 가부장적 권위를 내세우거나, 태생에 의한 신분차별이란 없는 것인데도 사람을 차별할 때 그것을 일깨워 주는 것이 정의입니다.

그런데 타인의 어리석음을 깨우쳐 주는 것이 자기 분별심이 되어서는 안 됩니다. 남을 가르쳐 준다고 하면서 자기 견해를 고집하거나 강요하는 것이 되어서는 안 된다는 뜻입니다. 부처님이 중생을 깨우쳐 주시는 것처럼 해야 합니다. 자기를 버리고 가르침의 대상까지도 끌어안으며, 그 사람의 마음도 헤아리며 더불어 깨우쳐 가야 합니다. 그것도 또한 사랑의 마음이 될 수 있습니다.

사회운동을 한다는 것은 나보다 처지가 어려운 사람을 돕는 사랑을 하는 것이고, 삶과 사물의 이치를 바르게 알지 못한 사람이 그것을 자각할 수 있도록 도와 주는 것입니다. 그것이 사회를 정의롭게 하는 것입니다. 사회운동을 너무 거창하게 생각하면 안 됩니다.

현재 정토회관에는 40여 명의 사람들이 사회운동과 자기를 실현하는 삶을 꿈꾸며 함께 살고 있습니다. 그 중에는 다른 사람의 도움을 받고 사는 사람도 있고, 도움을 주는 사람도 있습니다. 밥을 해서 남에게 주는 사람도 있고, 남이 해 주는 밥을 먹는 사람도 있습니다. 서로의 역할을 잘 나누어서 공동의 삶을 꾸려가지만, 작은 일이라도 남에게 도움이 되는 사람도 있고,

작으나마 남에게 불편을 끼치는 사람도 있습니다. 남에게 도움이 되는 사람은 사람들이 필요로 하는 사람이 됩니다. 그것이 바로 필요한 존재로서의 삶을 사는 길입니다.

남한테 해를 주는 사람, 불편함을 주는 사람은 버림을 받습니다. 사람들이 빗자루가 필요 없으면 갖다 버리고, 책상이 더 이상 필요 없으면 갖다 버리는 것과 같습니다. 버린다는 것, 그것은 바로 존재의 죽음을 의미합니다.

삶과 죽음은 필요성과 불필요성에 의해 판가름됩니다. 걸레로서의 삶은 걸레로서의 필요성이 있을 때 가치 있는 삶이 되는 것입니다. 걸레의 죽음은 바로 그것이 필요 없을 때 찾아옵니다. 아내로서의 삶은 남편에게 필요한 존재가 됨으로써 이루어집니다. 아내로서의 죽음은 남편에게 필요 없는 존재가 될 때입니다. 아내와 남편의 위치를 뒤집어도 마찬가지입니다. 필요 없는 존재라는 것은 죽음이고 필요한 존재라는 것은 삶인 것입니다.

사람들이 어떤 사람을 필요로 하면 그 사람에게는 자연적으로 지도력이 생겨나게 됩니다. 아버지와 어머니는 가족공동체의 지도자입니다. 조그마한 단체의 부장, 국장, 회사의 상사 노릇도 다 지도력이 있어야 잘 할 수 있습니다. 그러므로 필요로 하는 존재가 되는 것이 매우 중요합니다. 사람들에게 필요한 존재가 되면 지도력은 저절로 생기고, 필요 없는 존재가 되면 지도력은 저절로 없어지기 때문입니다.

절에 오는 사람을 예로 들어봅시다. 절에 오는 사람은 대개 무엇인가 요구가 있기 때문에 옵니다. 자식이나 사업 걱정, 또는 불교에 대한 궁금증 등등 매우 다양한 자기 요구가 있습니다. 그 요구를 들어주지 않으면 그들은 곧바로 다른 곳으로 눈을 돌리고 맙니다. 자신의 요구가 채워진다는 것은 본질적으로는 자신이 이익을 얻는 것과 같습니다. 그러면 요구를 채워준 사람에게 고마움을 느끼고 따르게 됩니다. 그렇게 해서 도움을 주는 사람에게는 따르는 사람들이 생기고, 그것이 지도력으로 형성되는 것입니다.

그러나 헌신적으로 남의 요구를 들어주기만 한다고 해서 무조건 지도력이 생기는 것은 결코 아닙니다. 도움을 받은 사람의 마음을 한 번 더 헤아릴 수 있어야 합니다. 도움을 자꾸 받으면서 일정한 시간이 지나면 누구에게나 미안한 마음이 생겨납니다. 그래서 자기도 무엇인가를 도와 주고 싶어합니다. 이 때 상대가 그 도움을 받지 않으면 마음의 문이 닫힙니다. 그러면 지도력은 사라집니다. 도움은 주는 것만이 아니라 도움을 받는 것도 일종의 도움입니다. 도움을 받은 사람은 심리적으로 빚지는 감정이 들기 때문에 스스로 위축되기도 합니다. 그것이 심하면 도움을 준 사람 앞에서 자신을 아주 미약한 존재로 인식하고 자기를 부정하는 심리가 일어납니다. 그래서 심하면 '자신은 별 필요가 없는 존재'라고까지 생각하게 되는 것입니다. 그 단체에서 별 필요 없는 존재라고 생각하면 자연히 발길을 돌리게 됩니다. 그러므로 일방적으로 도움을 계속 주기만 한다면 관계는 결코 지속적으로 유지될 수 없습니다.

반대로 도움을 받으러 온 사람에게 도움을 주지 않으면 금방 떨어져 나갑니다. 절에 복을 얻으러 왔다는 사람에게 복 비는 것은 어리석은 짓이라고 한다면 가버릴 것입니다.

도움이 필요해서 온 사람들에게는 도움을 주어야 합니다. 그리고 그들 역시 나를 도울 수 있게 하여 자신의 존재 의의를 일깨워 줄 수 있어야 합니다. 그것이 바로 내가 필요한 사람이 되는 것이고, 타인을 필요한 사람으로, 가치 있는 사람으로 만들어 주는 것입니다. 그렇게 서로가 서로에게 필요한 사람이 되도록 이끌어 주며 사는 것이 바로 진정한 의미에서의 공동체입니다.

그래서 일을 함께 나눌 수 있어야 합니다. 그것은 일을 '시키는 것'이 아닙니다.

"제가 하고 있는 이 일을 좀 도와 주십시오."

이렇게 부탁하면서 일을 나누면 신도들은 남에게 도움을 줄 수 있다는 마음에 아마 신나게 일을 할 것입니다. 사람에게는 누구에게나 자신의 역량이 미치는 범위 안에서는 도와 주고 싶은 마음이 있게 마련입니다. 그 마음을 주고받을 줄 알아야 합니다. 세상살이는 서로 주고받는 관계 속에서 이루어집니다. 필요로 하는 것을 상대에게 요구할 줄도 알아야 됩니다. 그것은 내가 상대를 쓰는 것이기 때문입니다. 쓰고 쓰이는 것이 삶이며, 잘 쓰이는 것이 잘 사는 길입니다. 그래서 쓸 때는 상대가 살아나도록 잘 써야 됩니다. 그러니 내가 잘 쓰여진다는 것은 내가 잘 사는 것입니다. 이것이 바로 내가 살고 내가 상대를 살리는 길이며 또한 상대가 살고 상대가 나를 살리는 상생(相生)의 길입니다. 이것이 수행이며, 사회운동입니다. 그리고 이것이 조직관리의 기본입니다.

요즘 부모는 자식에게 쓰이기만 하지 자식을 쓰지는 않습니다. 옛날에는 자식을 너무 부려서 그 역량을 제대로 못 자라게 했다면, 요즘은 너무 안 써서 아이를 쓸모 없는 인간으로 만듭니다. 우리의 관계도, 여러분들 각자 간의 관계도 서로 쓰고 쓰이는 관계여야 됩니다. 이와 같은 맥락에서 볼 때, 우리 생활에서 발생하는 사람들과 관계에서의 문제나 부부관계에서의 문제, 나아가 동료들과의 관계에서 발생하는 문제는 모두 쓰임새에 있어 어느 한쪽의 균형이 안 맞기 때문에 빚어지는 것이라 할 수 있습니다. 이런 균형을 잘 맞춰가도록 늘 탐구하면서 살면 인간관계도 잘 할 수 있고, 사회운동도 바르게 이끌어나갈 수 있습니다. 이것이 진정한 자기실현의 길도 됩니다.

▩ 의지처에 대한 집착을 버린다는 것'과 '도반을 믿고 의지하는 것'이 서로 충돌합니다. 어떻게 해야 합니까?

보통 우리는 여자 반쪽과 남자 반쪽이 하나로 합해져서 온쪽이 된다는 말을 합니다. 그러나 이것은 잘못된 견해입니다. 그렇게 합쳐져서는 절대로 온쪽이 될 수 없습니다. 한쪽이 잠시 어디 가기만 해도 둘 다 반쪽이 되어버리기 때문입니다. 하지만 남자 온쪽과 여자 온쪽이 만나면 이런 문제는 없습니다. 이 상태에서는 한쪽이 죽거나 떠나도 완전한 온쪽이 남아 있을 수 있습니다.

상대에게 집착하는 마음이 있으면 결코 온쪽이 될 수 없습니다. 홀로 온쪽이 되지 못한다면 다른 사람과 더불어서도 결코 온쪽이 될 수 없습니다. 진정한 만남은 온쪽으로 홀로 선 주체와 주체 사이의 만남입니다. 반쪽끼리의 만남은 또 다른 제3의 반쪽을 낳을 뿐입니다.

'혼자 있으면 외롭고 둘이 있으면 귀찮다.'

이것이 바로 중생심입니다.

둘이 있으면 둘이 있어서 좋고, 혼자 있으면 혼자 있어서 좋은 상태가 되어야 합니다. 혼자 있는 것이 좋다는 것은 출세간이고, 둘이 있어야 좋다는 것은 세간입니다. 혼자 있어도 좋고 둘이 있어도 좋다는 것은 세간도 아니고 출세간도 아닙니다.

의지처로서 도반을 생각하는 것은 세속의 의지심입니다. 그러나 도반을 믿고 자기를 버릴 수 있는 사람은 수행자입니다.

> 아난존자가 부처님께 '참된 도반과 함께 한다는 것은 도의 절반을 얻은 것과 같다'라고 말씀드렸을 때 부처님께서는 '도반이야말로 도의 전부와 같은 존재'라고 말씀하셨는데, 이것은 어떻게 받아들여야 하는지요?

도반이 의지처가 된다고 말할 때의 의지처는 우리가 버려야 할 집착으로서의 의지처와는 그 개념 자체가 다릅니다. 수행하는 데 있어 어떤 사람과 수행하느냐 하는 것은 아주 중요합니다.

중생은 쉽게 물들기 때문에 게으른 사람과 있으면 금방 게을러지고, 술을 마시는 사람과 있으면 금방 술을 마시게 되기 때문입니다. 새벽 4시에 일어나 기도하는 분위기면 늦잠 자던 사람도 일어납니다. 그런데 모두 다 아침 8시까지 자는 분위기면

새벽 4시에 일어나던 사람도 안 일어납니다. 그래서 부처님께서 이런 대답을 하신 것입니다.

그러나 대승적 관점에서 볼 때 좋은 도반을 만나서 좋은 영향을 받고 나쁜 도반을 만나서 나쁜 영향을 받는다는 것은 아직 중생심에 머물러 있는 상태입니다. 좋은 도반을 만나든 나쁜 도반을 만나든 상관이 없거나, 좋은 도반을 만나면 좋은 영향을 받고 나쁜 도반을 만나면 영향을 안 받을 수 있어야 합니다. 나쁜 도반을 만나 나쁜 영향을 받는 수준이라면 그것은 아직도 한참 먼 것입니다.

> 화를 내거나 짜증내고 난 다음에 후회인지 뭔지 모를 막연한 생각이 듭니다. 다르게 생각했으면 화를 안 낼 수도 있었을텐데 하는 반성 비슷한 것이기도 합니다. 한 생각 돌이켜서 생각한다는 것이 이런 것인지 궁금합니다. 한 생각 돌이켜서 생각한 다음에 행동할 수 있으려면 어떻게 해야 할까요?

'한 생각 돌이킨다'든가 '한 생각 돌이켜서 살펴본다'라는 말은 생각을 놓아버린다는 것을 의미합니다. 그러나 '한 생각 돌이켜서 다시 생각해 본다'라는 말은 생각을 놓아버리는 것이 아니라 다른 생각으로 바꾸었다는 것을 의미하므로 큰 차이가 있습니다. 한 생각을 돌이킨다는 것이 이미 생각을 놓아버린다는 것을 의미하기 때문입니다.

'한 생각 돌이킨다'는 것을 예를 들어 설명하겠습니다.

한 법우님은 이번 수련에 참가하려고 이 곳 문경 정토수련원에 내려올 때부터

"나는 공부 때문에 주말에는 꼭 서울로 돌아가야 된다."

고 했습니다. 하지만 정말로 공부 때문에 가야 하는지, 다른 이유가 있는데 공부를 핑계로 삼는 것인지는 아무도 모릅니다. 어쨌든 주말에 꼭 돌아가야 된다는 생각이 있었습니다. 그전에 사실이 법우님은 여기에 수련하러 오기가 싫은 마음이 있었던 것입니다. 혼자 빠질 만한 이유가 없으므로 오기는 왔는데, 중간에라도 빠져나가고 싶었던 것입니다.

그 법우님이 사로잡혀 있는 그 한 생각, 바로 그것을 돌이킬 수 있어야 합니다. 바로 그 마음을 한 순간에 탁 놓아버리면 편안해집니다. 그런데 그것이 안 놓아집니다. 그래서 끄달립니다. '나는 서울에 가야 되는데' 하는 자기 생각이 있으면 여기서 법문을 들어도, 웃고 노래하는 것을 보고 들어도 그것이 있

는 그대로 안 들리고 있는 그대로 안 보입니다. 사람들과 같이 있고 같이 웃어도 형식적입니다. 무슨 생각이든 생각을 하나 쥐고 있으니 대화를 나눌 때나 돌아가면서 얘기를 할 때도

"저는 별 할 얘기 없습니다."

이렇게 자신을 닫아버리고 넘어갑니다. 이것은 정말 할 얘기가 없어서가 아니라 말하기가 싫기 때문입니다. 말하기가 싫은 것은 자기 생각, 한 생각을 움켜쥐고 있기 때문입니다. 화를 내거나 짜증내는 것도 한 생각에 사로잡힌 때문이지만, 입을 꾹 다물고 있는 것도 한 생각에 사로잡힌 때문입니다. 한 생각에 사로잡히지 않을 때, 진정으로 할 얘기가 없으면

"예, 저는 좋습니다. 저는 지금 상태로 특별한 것이 없습니다."

이렇게 가볍게 얘기할 수 있습니다. 본인은 숨길 수 있을 것 같지만, 사실 옆에서 보면 다 드러나게 되어 있습니다. 물론 보는 사람도 자기 생각에 사로잡혀서 자기 갈 길만 바쁘게 가면 다른 사람의 표정이 안 보입니다.

놓아버려야 하는데 도대체 왜 안 놓아지는 것일까요? 당사자가 놓을 수 없는 조건이라고 생각하기 때문에 안 놓아집니다.

별일이 아니라고 생각하면 누가 그것을 붙들고 있겠습니까? 한 생각 내려놓는다는 것은 이유가 없습니다. 자기가 생각할 때 내려놓을 만한 이유가 있다고 생각되면 누가 내려놓으라고 말할 필요도 없습니다. 그 무거운 것을 무엇 때문에 붙들고 있겠습니까? 움켜쥐고 있을 때는 벌써 자기 나름대로 쥐고 있어야 할 이유가 합리화된 것입니다.

아침에 일어날 때도 잘 못 일어나는 것은 몸이 피곤해서이기도 하지만, 전날 밤 늦게 잤다는 자기 나름대로의 이유가 있기 때문입니다. 정토회의 수련 프로그램인 '깨달음의 장'에서 실험해 본 결과 졸거나 피곤한 것은 취침시간과 크게 상관이 없었습니다. 새벽 2시에 재우면서도 12시라고 얘기를 하고 나서 아침 6시에 깨우면 하루종일 졸지 않습니다. 그런 반면 12시에 재우면서도 '아이구, 벌써 새벽 3시나 됐네' 하고 나서 아침 6시에 깨우면 하루종일 졸고 있습니다.

객관적으로 늦게 잔 것도 문제가 있지만, 적게 잤다는 생각이 밑바탕에 깔려 있는 것이 더 큰 문제인 것입니다. 이것이 바로 자기 합리화입니다. 나는 적게 잤으니까 더 자야만 한다는 생각, 이 생각이 졸음을 불러오는 것입니다. 합리화시킬 수 있는 조건이 없으면 졸지 않습니다. 꾸벅꾸벅 졸다가도 자기가 평소에 좋아하는 여자가 쿡쿡 찌르면서 데이트하자고 하면 '어이구, 나 졸려서 안 되겠다'라고 하지 않고 벌떡 일어나 나갑니다.

그런 자기 합리화, 핑계거리에 사로잡혀 버리면 아무것도 안 보입니다. 다른 사람이 옆에서 얘기를 해줘도 안 들리고, 저항감만 생깁니다. 그런데 어떤 이유로든 탁 놓아버린 뒤에 돌아보면, 자기가 탁 놓아버렸든지 객관적 조건 때문에 어쩔 수 없어 놓아버렸든지 별 일이 아닌 것이 됩니다.

그런데 합리화의 습성이 워낙 강하기 때문에 일상생활 속에서는 자기의 한 생각을 내려놓는 것이 잘 안 됩니다. 하지만 '깨달음의 장' 같은 비일상적인 수행 프로그램 속에서는 자기 생각을 내려놓는 것이 가능합니다. 이미 참가할 때부터 한 생각 내려놓는 것이 중요한 과제라는 것을 스스로 인식하고 있었기 때문입니다. 그런 만큼 스스로를 합리화시키는 것을 자제하려고 노력하기 때문입니다. 그래서 이런 수련 프로그램이 필요합니다. 또한 일상생활 속에서도 자신을 합리화시키지 않고 자기 생각을 내려놓으려고 노력할 필요가 있습니다.

어떤 계기가 있었는지 알 수 없지만 서울에 가야만 한다던 법우님은 그 생각을 탁 내려놓았습니다. 그러더니 얼굴이 환하게 밝아졌습니다. 아침에 누군가가 그 법우님을 보고 얼굴이 밝아졌다며 아는 척을 해주는 것을 보았습니다. 그것을 여러 사람이 모여서 의견을 나누는 대중공사 때 표현해 주면 더더욱 좋습니다. 어제 대중공사 때 이 법우님이

"공부 때문에 서울에 가야 합니다."

이렇게 말하니 갑자기 냉기가 돌면서 전체 분위기가 착 가라앉았습니다. 그런데 오늘 아침에 서울에 가지 않고 수련에 참가하기로 했다고 하니까 약간 분위기가 회복되었지만 그것을 말로 표현해 주는 사람은 없었습니다.

"아이구, 그렇습니까? 반갑습니다."

이런 식으로 반응해 주면 듣는 사람, 말한 사람 모두 기분이 저절로 좋아집니다. 그러면서 바로 화합하게 됩니다. 이것이 바로 찰나간의 사람 마음의 움직임입니다.

자기 생각에 사로잡혀 있으면, 아무것도 안 보이고 아무것도 안 들립니다. 그럴 때 누군가 지적을 해주면 좋습니다. 그런데 자칫 잘못하면 '가르치는 것'이 됩니다. 그렇게 되면 '너는 뭐 잘났다고?' 하는 심리적 저항감을 불러일으킵니다. 그래서 도

반끼리는 본인이 자각할 수 있을 정도만 가볍게 일러 주는 것이 좋습니다. 그렇게 하면 본인이 말로는 싫다고 해도 속으로는 분명 돌이키는 마음을 느끼게 됩니다. 그래서 도반이 필요합니다.

그런데 한 생각 돌이키지 못해 이미 화를 냈고 짜증을 냈다고 해도 후회하지 않는 것이 좋습니다. 그냥 자신의 잘못을 깨닫는 것으로 끝나야 합니다.

'아, 내가 집착했구나!'

'아, 내가 실수했구나!'

이렇게 깨닫고 끝나 버리면 얼굴이 금방 밝아집니다. 후회는 잘못을 저지른 자신을 부끄러워하는 것입니다. 이것 역시 집착입니다. 이것 역시 돌이켜야 할 한 생각입니다. 실수를 안 해야 되는데 실수한 자기를 자기가 용서하지 못하고 있는 것입니다. 그렇게 되면 자기를 부정하게 됩니다.

우리가 어떤 사람을 보고 '뭐 저런 게 다 있나?' 하고 이야기할 때는 상대편을 용납하지 못하는 경우이고, 자신의 잘못을 자각하고 '아이구, 창피해. 바보같이!' 라고 한다면 실수한 자기를 용납하지 못하는 경우입니다. 부끄럽다는 것은 자기를 미워하는 출발입니다. '아이구, 창피해라. 이제 사람들 얼굴을 어떻게 보지?'라는 말이나 '아이구, 저 사람 꼴도 보기 싫다. 내 눈에 안 보이면 좋겠다'라고 하는 것은 스스로에 대한 감정과 타인에 대한 감정이라는 차이가 있을 뿐 본질적으로 똑같은 심리현상입니다. 있는 그대로 받아들이지 않고 부정하는 마음인 것입니다. 그러므로 후회는 뒤늦은 깨달음이 아니라 다른 종류의 집착일 뿐입니다.

있는 그대로 보고, 있는 그대로 살아야 하는데, '저 사람은 이런 사람이어야 한다'고 생각하면서 틀을 만들어 놓고 상대의 모습이 거기에 맞지 않다고 분별심을 냅니다. 또 '나는 이런 인간이어야 된다'라는 허상을 그려놓고 실제 모습이 거기에 맞지 않으니까 보기 싫어합니다. 그리고는 그 자신의 허상에 집착하기 때문에 실제 있는 현실의 자기가 보기 싫은 것입니다. 그것이 부끄러움과 좌절과 실망과 자기비하의 원인이 됩니다.

자기 관념에서 시작해서 상대에 대한 집착심을 일으키면 상대를 제대로 받아들이지 못하고 미워하게 됩니다. 그 마음이 계속되면 죽이고 싶은 마음이 되기도 합니다. 이것이 자기에 대한 경우라면 자기를 죽이는 것, 즉 자살로 발전합니다. 자살이나 살인은 본질적으로 같은 심리의 작용입니다. 하나는 밖으로 집착하는 것이고, 다른 하나는 안으로 집착하는 것일 뿐입니다. 달리 말하면 하나는 바깥에 대한 허상에 집착하는 것이고, 다른 하나는 자기에 대한 허상에 집착해서 현실을 죽이는 것입니다.

깨달음과 뉘우침은 후회와는 매우 다릅니다. 그것은 자신이 한 실수를 자각할 때, 실수한 자신마저도 받아들이는 것입니다. 상대의 잘못된 행위를 내가 받아들이는 것처럼 잘못한 자신도 그냥 수용하는 것입니다. 이것은 자신을 합리화하는 것과는 성격이 다릅니다. 바로 자기 자신을 긍정하는 것입니다. 이렇게 되면 부끄러워하는 마음을 어렵지 않게 극복할 수가 있습니다. 잘못한 자기를 세상에 그냥 드러내면 됩니다. 그런데 사람들은 대개 잘 해야 된다는 심리적 강박관념을 가지고 있고, 또 잘못한 자신을 부끄러워하고 용서하지 못하기 때문에 후회하고 자기를 부정하며 자기를 미워합니다. 이것은 자신에 집착하고 있다는 증거입니다.

자신이 잘못한 것을 자각했을 때 후회하지 말고 돌이켜 한 생각 놓아버리면서 '아, 내가 잘못했구나!' 이렇게 깨달으면 우리는 상대에게 겸손하게 되고 또 기꺼이 잘못했다고 용서를 구할 수 있습니다. 상대를 보고 분별하지 않는 것과 잘못한 자신을 보고 용서해 주는 것 가운데 실천하기 훨씬 어려운 것은 후자입니다. 왜냐하면 자기에 대한 집착이 더 강하기 때문입니다.

누구나 잘못한 자신을 잘 용서하지 못합니다. 그래서 좀체 잘못을 인정하지 않고, 잘못한 사실이 드러난 뒤에는 표정이 어두워져서 아주 오래 갑니다. 그래서 우울증이 생기고 열등감이 생깁니다. 하지만 누구나 잘못할 수 있습니다. 자기 자신을 사랑한다면 자기 자신을 용서하고 이해할 수 있어야 합니다. 자기 자신을 사랑하기 시작했을 때 비로소 남을 사랑할 수 있습니다.

집착은 왜 하게 되고, 내가 옳다는 생각은 왜 생기는지 모르겠습니다.

쥐가 음식을 먹고 싶은 욕구를 가지는 것은 매우 자연스러운 현상입니다. 문제는 먹고 싶다고 해서 아무것이나 먹어버리는 데 있습니다. 먹고 싶은 욕구가 있다고 해도 먹을 것과 먹지 말아야 할 것을 구별할 줄 알아야 됩니다. 그런데 한 번 먹고 싶다는 욕구에 사로잡히면 먹어야 될지 안 먹어야 될지 하는 사물에 대한 분별력이 없어집니다. 그래서 음식을 보는 순간 배고프다는 생각이 앞서 살피지도 않고 먹습니다. 그래서 쥐가 쥐약을 먹고 죽는 것입니다. 그것은 전생에 죄가 많아서 먹은 것도 아니고, 하나님을 안 믿어서 먹은 것도 아닙니다. 먹으면 좋다고 잘못 알았기 때문에, 즉 무지(無知) 때문에 먹은 것입니다. 무지로 인해 쥐약인 줄을 모르고 냉큼 집어먹은 것입니다.

무지와 함께 존재를 얽어매는 것이 바로 '습(習)'입니다. 담배를 안 피우는 사람은 담배에 대해 집착하지 않습니다. 하지만 담배를 피우는 사람은 담배에 대한 의존도, 즉 집착도가 매우 높습니다. 건강이 좋지 않아 담배를 끊고 싶어도 그동안 피워왔던 습관에 의해 끌려가기 때문에 담배를 피우고 싶은 욕구가 계속 일어납니다.

그렇다고 태어나면서 담배를 물고 태어난 사람은 없습니다. 그러므로 이런 습관은 처음부터 있었던 것이 아닙니다. 담배가 어떤 것인지 잘 모르고, 무지한 상태에서 무심결에 시작한 담배 피우기가 그만 습관이 되어 끊지 못하는 것뿐입니다. 습관 때문에 그렇다는 것을 확실하게 알았으면 욕구가 끊임없이 일어나더라도 따라가지 말아야 합니다. 그런데 그것을 끊지 못하고 계속 욕구에 끌려 다닙니다.

담배 같은 기호품뿐만 아니라 식욕 같은 것도 사실은 습관에 의해서 생겨난 것이 많습니다. 일반적인 집착은 놓을 수 있지만, 수면욕과 식욕 그리고 성욕은 인간의 기본적인 욕구이기 때문에 놓지 못한다는 말도 합니다. 특히 생존에 직접 관계되는 식욕은 더 어렵습니다.

보통 하루 곡류 500~800g이 최소 생존 필요량이라고 합니다. 하지만 요즘 인간들은 지나치게 먹고 있습니다. 뿐만 아니라 질적으로도 더 좋은 음식, 더 맛있는 음식, 더 귀한 음식을 찾아다닙니다. 이렇게 먹는 습관을 잘 관찰해 보면 생명유지를 위한 본능으로서의 식욕도 있지만 어느 정도는 습관에 의해서 생겨난 것임을 스스로 알게 됩니다. 그 습관은 다른 사람을 따라 하다가 생겼을 수도 있고, 부모를 따라 하다가 생겼을 수도 있습니다. 대부분은 부모가 하는 행동을 따라 하다가 생깁니다. 식욕이라는 것도 습관임을 자신이 자각하게 되면 먹고 싶은 욕구가 일어나도 그것이 몸에 좋지 않다면 자신이 딱 잘라야 합니다. 이 때 '먹고싶은 욕구가 일어나는 것을 어떻게 참습니까?'라고 얘기하면 마음공부는 할 수가 없습니다.

담배를 피우는 것도 마찬가지입니다. 세상 사람들이 다 피우니까 따라 하다가 자신도 모르게 습관이 몸에 배었더라도 담배를 피우는 것이 건강에 나쁘다는 것을 알게 되면 그 때 바로 끊어야 됩니다.

"저 사람도 피우는데 왜 나만 못피우게 합니까?"

이렇게 말하면

"그럼 피워라."

이런 대답밖에는 해 줄 말이 없습니다.

"나에게 손해인 줄 알면서도 못 고치는 걸 어떻게 합니까?"

이런 말도 도움이 안 됩니다.

'아, 이것이 나를 해치는 것이구나. 이것이 나에게 고통을 가져오는구나.'

이 사실을 알았다면 그 다음부터는 자기가 알아서 해야 합니다. 해로운 것이지만 습관에 끄달려 계속 피우면서 살든지, 아니면 몸에 해로우니까 담배를 끊든지, 그것은 어디까지나 자신에게 선택권이 있는 것입니다. 하나님에게 선택권이 있는 것도 아니고 업에 있는 것도 아닙니다.

습관은 무지에서 시작된 것입니다. 그것이 나의 주인이 되어서 나를 움직이고 있습니다. 그래서 습관에 끌려가며 살고 있습니다.

여성이라고 해서 본래 의지심이 있는 것은 아닙니다. 성장하는 과정에서 여자는 부모에게 복종하고 남편에게 순종하고 살아야 한다고 반복적으로 들은 것이 무의식 중에 세뇌되어 남자보다 더 의지심이 강해진 것뿐입니다. 의지심이란 본래 몸뚱이에서 온 것도 아니고 운명적인 것도 아니라는 것을 자각했다면, 다만 어릴 때부터 세뇌되어 그런 사고를 갖게 되었을 뿐이라는 사실을 알았다면 그 이후는 스스로 자신의 삶을 선택해야 합니다. 즉, 그 습관에 맞춰 살든지, 싫으면 딱 끊어야 됩니다.

'집착은 왜 하게 되고, 내가 옳다는 생각은 왜 생기는지 모르겠습니다' 라는 질문에는 집착이나 자신이 옳다는 생각을 스스로 끊기 어려우니 대신 좀 끊어달라는 요구가 담겨 있습니다. 집착도 내가 집착하기 때문에 생기고 내가 옳다는 생각도 내가 그렇게 생각하기 때문에 일어나는 것입니다. 그러므로 이 마음은 스스로 끊어야 합니다.

공부는 스스로 하는 것입니다. 계율을 지키는 것도 자신이고, 선정을 닦는 것도 자신입니다. 스승은 그것을 자각하게 하는 역할밖에 하지 않습니다.

경험을 통해서 집착이나 내가 옳다는 생각이 얼마나 큰 고통인가를 뼈저리게 느낀 사람은 그것을 한 순간에 딱 끊어버립니다. 가장 대표적인 사람이 용수보살입니다. 용수보살은 왕족 출신으로 젊었을 때 여섯 명의 벗과 더불어 세상의 온갖 욕락을 다 누리며 살았습니다. 그런데 아무리 세상 재미를 즐겨보아도 도무지 만족스럽지가 않았습니다.

"야, 여자라는 여자는 다 데리고 놀아 보았지만, 임금의 여자는 그렇게 못 해보았으니까 궁중에 숨어 들어가서 궁녀들을 데리고 즐겨보자."

이렇게 해서 용수보살은 친구들과 궁중 담을 넘어 들어가서 궁녀들을 데리고 놀다가 그만 들키고 말았습니다. 친구들은 모두 붙잡혀서 사형을 당하고 용수보살만 간신히 도망 나올 수 있었습니다. 그는 쾌락의 극치가 바로 죽음이라는 것을 뼈저리게 자각하고 크게 발심해서 마음공부를 하기 시작했습니다. 세상의 온갖 쾌락은 다 찾아 즐겨보았지만 그 쾌락의 극치가 고통의 극한이라는 것을 알게 되었고, 그것을 자각한 순간 탁 놓아버린 것입니다. 이렇게 놓아버리는 것은 바로 자기 자신만이 할 수 있습니다. '집착은 왜 하게 되고, 내가 옳다는 생각은 왜 생기는지 모르겠습니다'라고 질문하지 말고, 지금 이 순간 놓아버려야 합니다.

> 습관인 줄 알면서도 계속하게 됩니다. 아마 근기가 부족한 것 같습니다.

담배를 피우면 몸에 나쁘다는 얘기를 듣고도 '나쁘기는 뭐가 나빠?'라고 생각하는 사람이 있습니다. 어쩌다 '그것 참 나쁘기는 나쁘구나!'라고 느껴도 의식의 밑에서는 여전히 습관이 사고를 조정하기 때문에 '몇 달 더 살면 뭐하나? 이렇게 실컷 피우다 한 일 년 일찍 죽지. 설령 일찍 죽으면 어때? 이런 재미도 없이 무슨 재미로 사나?' 하고 생각하게 됩니다. 설혹 끊는다고 결심을 하고 딱 끊었더라도 친구가 와서 담배 한 대 피우자고 하면 그 냄새와 상황에 무의식적으로 끌려가는 경우도 있습니다.

"야 임마, 그래도 담배를 한 대 피워야 친구지!"

이런 얘기를 들으면

'친구를 위해서 한 대 피워 줘야지.'

하는 심리가 생기기도 합니다. 술도 마찬가지입니다. 친구들이 찾아와서

"야, 한 잔 하자, 우리가 맨입에 헤어지면 말이 되냐?"

이렇게 유혹하면 바로 흔들려서 스스로를 합리화시키는 생각을 하게 됩니다.

'나는 끊었지만, 친구들을 위해서 맞춰주어야 되지 않을까?'

인간의 욕구 중에 가장 밑바닥에서 인간의 의식을 조정하는 것은 성적 욕구라고 합니다. 정신과 상담을 전문적으로 하는 사람들이 여성내담자들의 심리를 분석하다 보면 대다수가 성적인 욕구불만을 발견하게 된다고 합니다. 성적인 경험을 못해 본 사람은 못해 본 사람대로, 경험을 해 본 사람은 해 본 사람대로 심리 밑바닥에 성적인 욕구불만이 깔려 있다는 것입니다. 그것을 발견하면 상담해 주는 사람은 '저것만 좀 해소시켜주면 이 사람이 건강해 질 수 있다'라는 판단을 하게 됩니다. 그 때 자칫하면 상대를 위한다는 합리화 속에서 상담사 자신에게 무의식적으로 성적 욕구가 일어날 수 있습니다.

그런데 본인이 자신의 그런 심리작용을 알아차리지 못해서 급기야 내담자와 관계를 맺게 되기도 하고, 이렇게 해서 말썽이 많이 생긴다고 합니다. 그러므로 상대를 위한다는 심리가 일어나는 것에 매우 주의해야 됩니다. 자신에게 가장 속기 쉬운 경우입니다. 자기 욕구로서 마음이 움직이면 알아차리고 고치기가 쉬운데, '나는 욕구가 없는데 저 사람을 위해서 내가 한다'라는 식으로 욕구가 왜곡되어 나타날 때는 자기의 욕구를 보기가 아주 어렵습니다.

이렇게 욕구가 우리의 의식을 조정하고, 주인행세를 합니다. 정신을 차리면 업인 줄 알지만 그렇지 않으면 경계에 부딪치는 순간 그것이 나의 주인이 되어서 의식을 결정하기 때문에 저지르고 나서 또 '아차!' 합니다. 한두 번 자신이 놓치는 것을 보면 그 다음부터는 속지 않습니다. 그런데 보통 자신을 놓치는 줄 모르기 때문에 또 하게 됩니다. 그래서 자기에게 속지 말라고 하는 것입니다.

'자아라는 것은 없다고 해 놓고 자기에게 속지 말라고 하니 무슨 말인가?'

이런 의구심이 생길 수도 있습니다. '자기에게 속지 말라' 고

할 때의 '자기'는 '자의식'을 뜻하는 것으로서 소위 '업'을 말합니다. 그 업이 자기를 조정하기 때문에 깜빡 걸려서 그만 넘어갑니다. 그래서 남의 문제는 잘 보지만 자기 문제는 잘 못 보는 것입니다. 예수님은 이것을 들어 '남의 눈에 든 티끌은 보면서도 제 눈에 든 대들보는 못 본다'라고 말씀하셨습니다. 늘 현재에 깨어 있고 냉철하게 자기 자신을 관찰하면서 자기 자신에게 속지 않도록 해야 합니다. 그러면 습관에 조정당하지 않는 삶을 살 수가 있습니다. 그럴 때 근기가 높고 낮고는 생각할 필요가 없습니다.

> 인류 역사는 인간에게 생기는 욕구를 소비를 통해서 해결하는 방향으로 발전해 왔습니다. 애초부터 시작 자체가 그렇다면 인류의 역사를 두고 과연 발전의 역사라고 할 수 있을까요?

인간 심리의 근저에 있는 것을 옛날 기독교인들은 하나님의 목소리나 인간의 본성이라고 생각했습니다. 생각하는 이것은 자신이고, 자신을 조정하는 것은 신의 소리라고 여겼습니다.

그런데 프로이드는 그것이 신의 소리가 아니라 자신의 무의식, 즉 숨겨진 의식이라고 했습니다. 그 결과 그는 기성 종교로부터 많은 공격을 받았습니다. 그렇게 종교로부터 박해받은 사람은 프로이드뿐만이 아닙니다. 세상 만물을 모두 다 신이 만들었다고 생각했는데 그것이 실은 진화의 결과물이라고 한 다윈도 그랬고, 지구가 태양 주위를 돈다는 지동설을 주장한 갈릴레오도 그랬습니다.

옛날에는 일식이 일어나도 다 종교적으로 해석하곤 했습니다. 또 인간의 심리작용을 이해하지 못했기 때문에 여러 가지 설들이 분분하게 일어났습니다. '인간에게는 원래 선악의 두 가지 본성이 있다. 그것이 한 번은 이렇게 나타나고 한 번은 저렇게 나타난다' 라고 해석한 사람도 있습니다. '지킬 박사와 하이드' 가 그런 내용입니다. 또 '본성은 양심적인데 세상에 물들어서 나빠졌다' 라는 성선설과 '본성이 악해서 가만두면 나빠지기 때문에 교육을 통해서 정화해야 된다' 라는 성악설도 나왔습니다.

이미 2500년 전 불교에서는 인간 의식작용에 대한 깊은 연구가 이루어졌습니다. 현대 심리학에서는 인간의 의식을 조정하는 것은 우리가 의식할 수 없는 의식, 즉 무의식 또는 잠재되어 알 수 없는 의식, 즉 잠재의식이라고 합니다. 이 현대 심리학에서 말하는 잠재의식은 불교적으로 말하면 제7식(말라식)에 해당합니다. 그런데 불교에서는 그 잠재의식, 즉 말라식에서 더 아래로 내려가면 의식의 가장 밑바닥에 아뢰야식이 있습니다. 소승불교에서는 이 아뢰야식을 종자식(種子識)이라고도 말하는데, 그것은 불교의 근본 가르침에 어긋납니다. 그것은 인간 의식의 본성이 있다는 것인데, 부처님께서는 본질을 깊이 살펴보고 '본성이 없다'고 말씀하셨습니다. 씨앗이라고 할 만한 것, 근본 종자라고 할 만한 것은 아무것도 없다는 것입니다.

악이라고 말하는 것도 물들어서 생겨난 것이고, 선이라고 말하는 것도 물들어서 생겨난 것입니다. 어떤 습관이든 인간에게 본래 있었던 것은 없습니다. 모든 습관은 살면서 형성된 것입니다. 그런 습관이 없는 사람의 입장에서 보면 그런 습관이 인간에게 본래 없었다는 것은 너무나 확실하지만, 그런 습관이 있는 사람은 '이 세상 사람이 다 그렇다. 그렇게 하는 것은 인간의 본성이다'라고 말합니다.

담배를 못끊는 사람은 이렇게 말합니다. '도대체 담배가 전생에 나하고 무슨 악연이 있었길래 이렇게 안 끊어지나. 또는 내가 전생에 무슨 죄를 지었길래 나한테 붙어서 안 떨어지나?'

예를 담배로 들었지만, 이런 태도는 삶 전체에 걸쳐서 드러납니다. 이것은 현상에 대한 이해가 부족하기 때문입니다. 인간의 의식작용을 알지 못하기 때문입니다. 악한 것도 본래 없고 선한 것도 본래 없으며 습관도 본래 없는 것입니다. 전생 탓도 아닙니다. 본래는 있다고 할 만한 것이 없습니다. 이런 무아설은 불교만의 견해라고 치부해 버릴 수도 있습니다. 그러나 결코 그렇지 않습니다. 그것은 현상의 본질이며 실상입니다.

물질세계에서도 이것을 검증해 볼 수 있습니다. 쿼크가 서로 결합해서 원자가 되고, 원자가 서로 결합해서 분자가 되고, 분자가 결합해서 물질이 됩니다. 물질 가운데서도 분자식이 고도로 복잡한 것은 유기물이고, 이 유기물보다 더 복잡해진 것이 단백질, 아미노산입니다. 그것이 생명의 시초입니다. 물질이 유전자라는 설계도에 의해 다시 조립된 것이 생명입니다. 그랬을 때 그 이전과 이후에 드러난 현상에는 차이가 있습니다. 우리는 경계를 그어놓고 그 이전은 물질이라고 하고 그 이후는 생명이라고 말합니다. 그러나 연관의 복잡도 차원에서 보면 그냥 한 단계 한 단계 복잡해져 갔을 뿐입니다. 그러다가 어떤 단계를 지나면서 그 전과 그 후의 작용이 많이 달라지니까 구분지어서 생명과 무생물로 분류한 것뿐입니다.

예를 들어 -30℃ 되는 얼음에 열을 가하면 계속 변화가 일어납니다. -30℃, -20℃, -10℃, 0℃, 이렇게 계속 변합니다. 그러다가 제로(0) 상태에서는 멈추었다가 다시 0℃, 1℃, 2℃ 해서 100℃까지 올라갑니다. 이렇듯 변화라는 측면에서 보면 전 과정이 계속 변하고 있을 뿐입니다.

그런데 0℃를 기준으로 변화의 질이 달라집니다. 앞의 상태는 유지하면서 온도가 오르는데 이 시점을 기해서 분자의 결합 방식이 바뀝니다. 그럴 때 우리는 이러한 변화 이전을 고체라고 하고, 변화 이후를 액체라고 해서 구분합니다. 이처럼 변화의 차원에서는 그냥 변화일 뿐이지만, 어떤 관점에서 관찰하느냐에 따라서 질이나 형상이 다르기 때문에 차이를 두는 것일 뿐입니다. 엄격히 말해서 물질의 근원으로부터 오늘의 우리들에게 이르기까지 계속 복잡해져 가는 과정일 뿐입니다. 복잡해지는 그 과정에서 어떤 기점부터는 물질이라고 하고 그 이후는 생명이라고 하는 것일 뿐입니다.

생명은 단세포에서 시작하여 세포끼리 결합해서 다세포가 되고 그 후 더욱 복잡해져서 사람으로까지 변화해 왔습니다. 단세포 생물에서 사람에 이르기까지 유전자에 의해서 발생한다는 측면에서는 아무런 차이가 없습니다.

그런데 인간을 기준으로 해서 보면 다른 작용이 또 하나 있습니다. 그것이 바로 정신작용입니다. 정신작용의 가장 원초적인 특성도 따져보면 사실 인간에게만 있는 것은 아닙니다. 정신작용의 핵심은 학습능력입니다. 가장 기초적인 학습능력은 유글레나도 가지고 있습니다. 유글레나에게 전기충격을 주고 반응을 살펴보면, 두 번째 전기충격을 줄 때부터 반응이 달라지는 것을 알 수 있습니다. 이것은 학습능력이 있다는 말입니다. 뱀도 야생 상태에서 부화되어 야생으로 사는 것과 집에서 부화되어 사는 것과는 행동양식이 다릅니다. 서로 다른 것을 학습했기 때문입니다. 유전자적으로는 늑대와 개, 들개와 집개 사이에 별 차이가 없습니다. 하지만 태어난 환경에 의해 자연학습이 되기 때문에 그들은 행동양식이 서로 다릅니다.

오늘날 인간의 정신력은 학습영역에 속합니다. 처음에는 각인작용에 의해서 학습이 이루어집니다. 즉, 되풀이해서 되는 것이 아니라 한 번 들어오면 그냥 각인되는 것입니다. 예를 들면 흰 백지를 빨간 물에 집어넣으면 즉시 빨갛게 변해버리는 것이 바로 각인작용입니다. 거기에 나중에 반복해서 또 물드는 작용이 있습니다. 다시 말해서 학습영역은 처음 접할 때 바로 도장 찍듯이 되는 각인작용과 반복에 의한 학습작용으로 구분할 수 있습니다. 인류문화사적 측면에서는 이것을 일러 오늘날 인간의 정신세계가 형성되는 과정이라고 말합니다.

침팬지와 사람은 생물학적인 유전자로 따지면 99%가 동일합니다. 그 둘 사이의 유전자는 1%의 차이도 없습니다. 침팬지뿐만 아니라 생물학적으로 따져 보았을 때 인간과 다른 동물 간에는 차이가 크지 않습니다. 차이가 있다면 눈이 한쪽으로 몰려서 다른 동물보다는 눈으로 정보를 파악하는 능력이 월등하게 뛰어나다든지, 두 다리로 걷는다든지 하는 것입니다.

그러나 무엇보다 가장 큰 특징은 뇌 용량이 다른 동물보다 크다는 것입니다. 뇌 용량은 컴퓨터 용량과도 비슷합니다. 또 기능도 비슷합니다. 뇌에 정보가 들어와서 모방, 학습을 하게 되는데 일정량 이상의 정보가 들어오게 되면 컴퓨터처럼 아무리 정보를 입력하려고 해도 더 이상 들어가지 않습니다. 또 용량이 크지만 정보를 입력하지 않으면 백지상태입니다.

그러니까 정신작용은 뇌 용량의 크기와 정보 입력량의 크기에 따라 나타나게 됩니다. 그리고 정보가 일정량 이상 들어가야 비로소 창조성이 생깁니다. 어린아이들에게 책에 있는 그림을 보고 그대로 그리게 했을 때를 예로 들어봅시다. 열 개를 모방하는 아이는 모방할 줄만 알지 창조성이 없습니다. 백 개를 모방하는 아이도 마찬가지입니다. 그러나 십만 개를 모방하면 어떻게 될까요? 약간의 혼돈, 즉 실수가 생깁니다. 모방을 하기는 하는데 이쪽 것과 저쪽 것이 섞여서 나오는 것입니다. 모방 차원에서 보면 모방이 잘못됐다고 할 수 있지만, 다른 차원에서 보면 이것은 창조입니다.

창조는 모방의 결과로 나타나는 현상입니다. 정보를 입수하는 것은 다 모방입니다. 모방을 가장 잘하는 동물이 원숭이라고 하지만 그보다는 사람이 훨씬 더 잘합니다. 그런데 정보가 일정량 이상을 넘어서면 단순한 정보의 저장을 넘어서서 새로운 정보가 나오기 시작합니다. 이것이 창조성입니다. 우리가 일본 것을 모방하고, 일본은 미국 것을 모방하지만 거기에서 새로운 것이 나오는 것과 같습니다.

이렇게 해서 나타나는 현상이 정신현상입니다. 정신현상은 생물학적으로는 설명되지 않는 부분들이 많습니다. 생물학적인 현상은 물에 빠지면 살려고 하고 배가 고프면 먹으려고 하는 것입니다. 그런데 인간은 다른 사람이 물에 빠졌을 때 자기가 죽을지도 모르는데 뛰어 들어가서 그 사람을 건져주기도 하고, 자기도 배고픈데 참고 아무런 연고도 없는 다른 사람에게 밥을 주기도 합니다. 이런 일은 동물의 세계에는 거의 없습니다. 이 것은 생물의 성질에서 오는 것이 아닙니다. 반대로 사람은 멀쩡한 아이를 잡아죽이는 경우도 있고, 자기 배가 부른데도 먹을 것을 숨겨 놓고 굶주리는 사람에게 나누어 주지 않기도 합니다. 그러나 동물들은 자기 배가 부를 때는 다른 짐승이 와서 먹어도 상관하지 않습니다. 이것이 생물학적인 현상입니다. 그런데 인간은 그렇지 않은 면이 있습니다. 이것이 이른 바 인간에게 있는 선성(善性)과 악성(惡性)입니다. 다른 동물에게는 없는 이러한 특징은 생명작용이 아닌 정신작용으로부터 오는 것입니다.

이러한 정신작용이 어떻게 형성되는지 오래 전부터 인류문화사적인 연구가 진행되고 있습니다. 종교적으로는 본래 두 가지 심성이 있다고도 하고, 하나님이 만들었다고도 하지만 요즘 인류문화사를 연구하는 사람들은 그런 것에 개의하지 않습니다. 과연 인간의 정신작용은 인류의 역사 속에서 어떻게 형성되었을까요? 세계 학계에서 인정받은 것은 아니지만, 양심 또는 선성(善性)이라고 말하는 특성은 원시공동체에서 형성되었다고 보는 견해가 있습니다. 구석기 시대에는 혼자보다는 여럿이 어울려 살면서 사냥하는 것이 유리했습니다. 그래서 사람들은 무리를 지어 살았습니다. 이 때 무리 안에서는 각자의 행동이 다른 사람에게 완전히 공개되었습니다. 양떼가 교미를 할 때 새끼가 본다고 다른 곳으로 가지 않는 것처럼 원시인들은 모든 정보가 100% 공개되는 생활을 하였던 것입니다. 이처럼 모든 정보가 공동체 성원 모두에게 공개되다 보니, 한 사람의 잘못된 행위를 다른 사람들이 따라 하는 경우가 생겼습니다. 그런 행위는 공동체 전체에 손실을 가져올 수도 있었기 때문에 그 잘못된 행위를 다른 사람이 본받지 못하게 되었습니다. 그에 반해 모든 사람에게 이로운 정보는 구성원 모두가 다 따라 배웠습니다. 이 모든 사람에게 이로운 정보를 양심, 선성이라고 부릅니다. 양심이나 선성은 이렇게 해서 형성되었다는 것입니다.

그런데 인구가 늘어나면서 공동체가 분리되기 시작했고, 나중에는 공동체끼리 부딪치게 되었습니다. 이 때 선성은 하나의 공동체 내에서만 선성이고 또 그 안에서만 정보가 공유될 수 있게 제한되었습니다. 예를 들면 생존을 위해서 공동체 성원을 서로 해치지는 않지만, 공동체 바깥에 대해서는 성원끼리 서로 협력해서 상대를 해쳤던 것입니다. 즉, 자기네끼리 잡아먹는 것은 서로에게 손실이 생기므로 보호하지만 다른 동물은 잡아먹는다는 것입니다. 다른 공동체를 공격해서 재물을 빼앗아 오는 것도 그 공동체의 입장에서는 굉장히 효율적인 생산활동이라고 볼 수 있었습니다. 그 때 빼앗아 온 재물은 공동체 안에서 똑같이 나눠 가졌습니다. 이렇게 그 안에서는 정보가 100% 공개되고 100% 민주적으로 운영되었던 것입니다.

그 후 힘이 강한 공동체가 그렇지 못한 공동체를 공격해서 통합시키기 시작했습니다. 그 때 다른 쪽의 공동체 구성원을 노예로 두게 되었습니다. 소위 노예계급이 생겨난 것입니다. 공동체 안에 같이 있기는 하지만 노예계급과 지배계급 사이에는 정보가 공유되지 않습니다. 그래서 서로 간에 차등이 생깁니다. 아무리 전쟁에서 졌다고 해도 처음부터 스스로 노예가 될 수는 없습니다. 강압에 의해서 육체는 노예 짓을 하지만 정신은 노예가 될 수 없는데, 그 뒤에 태어난 아이는 날 때부터 노예로서 키워지기 때문에 노예의식이 심어집니다.

이렇게 노예계급이 생겨나자 이기심이 하나의 공동체 안에 온존할 수 있게 되었습니다.

그런데, 사람들은 지금까지 이기심이 왜 생겼는지 잘 몰랐습니다. 그래서 '이기심은 동물적 근성이다. 이기심은 우리가 태어날 때부터 있었던 것이다. 이기심은 인간이 육체의 지배를 받을 때 생긴다' 라고 가르쳐 왔던 것입니다.

부처님은 선성이라고 부르든, 악성이라고 부르든 그것은 '형성되어진 것' 이라고 말합니다. 형성되어진 것이기 때문에 고칠 필요성이 있으면 고쳐집니다. 종자가 있는 것이면 고칠 수가 없는데 형성되어진 것이므로 고칠 수가 있다는 것입니다. 그러므로 불교에서는 성적 우월성이라든지, 신분적 우월성이 인정되지 않습니다.

인류발생학적으로 보면 양심이 먼저 형성되고, 이기심은 나중에 형성되었습니다. 어머니와 자식과의 관계에서 보더라도, 어머니가 갓난아이를 낳으면 자식에게 무조건 주기만 하지 아이에게 요구하는 것이 없습니다. 어머니가 자식에게 베푸는 것을 통해 아이는 거기에 길들여집니다. 이렇게 해서 늘 양심이 먼저 형성됩니다. 심리학적으로 분석해 봐도 양심이 이기심보다 더 의식의 밑바닥에 있습니다. 그래서 어떤 현상에 딱 부딪칠 때 이기심이 먼저 작용하고, 정신을 차리면 양심이 작용합니다. 이러한 선성이나 악성은 인간의 본성처럼 생각되지만 본성이라고 할 만한 것은 없습니다. 단지 선성이 더 밑에 깔려 있기 때문에 그 부분과 자신이 합일되면 심리상태가 훨씬 안정되는 것뿐입니다. 그렇다고 해도 선성이 우리의 본성은 결코 아닙니다.

이렇게 불교의 '무아설'을 인류학적인 학설로 풀어볼 수가 있습니다. 과거에는 이런 부분을 전생이니 운명이니 하는 것으로 해석할 수밖에 없었습니다. 한 번도 보지 못한 할아버지의 의식이나 행위양식을 아버지를 통해서 본받았을 때 과거에는 그것을 전생에 할아버지하고 무슨 인연이 있었기 때문이라고밖에는 설명할 수가 없었습니다. 현상은 같은 현상이지만 그 현상을 설명하는 관점이 달라진 것입니다. 앞으로는 이런 설명 방법에 대한 연구가 더 많이 필요할 것입니다.

질문의 본질에서 너무 멀어진 것 같지만, 사실은 이것이 질문에 대한 답입니다. 현재 인간의 갖가지 욕구는 인간의 본성이 아닙니다. 어떤 사람이 지금 담배를 끊지 못한다고, 그 사람은 담배를 피울 수밖에 없는 본성이 있다고 말할 수 없는 것과 같습니다.

그러므로 생물로서의 특성인 개체의 생존욕구, 즉 일정량의 식욕과 수면욕 그리고 종족유지의 특성인 교미를 위한 성적 충동과 오늘 우리들이 말하는 식욕 · 수면욕 · 성욕과는 좀 구분이 필요합니다. 생존을 위한 기본 욕구가 아닌 것은 그것이 비록 식욕 · 수면욕 · 성욕이라 하더라도 생명현상이 아닌 정신현상에 속하는 것입니다.

오늘까지의 인류 역사가 과연 발전의 역사였는가 하는 점은 무엇을 기준으로 보는가에 따라 달라질 수 있습니다. 저는 이것을 발전이냐 퇴보냐의 관점으로 보지 말았으면 합니다. 다만 이런 변화 가운데 인류 개개인의 자유와 행복 그리고 인류의 지속 가능한 생존 등의 측면에서 과연 바람직한가 그렇지 않는가의 차원에서 살펴보아야 한다고 생각합니다.

욕구 충족의 인류 역사, 그 중에서 특히 자본주의의 발달사는 환경적인 측면에서 볼 때 근본적인 한계를 가지고 있으며, 이대로 계속되면 지구 전체가 공멸할 수도 있는 위험한 질주라고 봅니다. 또 그 과정에서 인류의 자유와 행복이 물질만으로는 도저히 보장될 수도 없다는 것입니다. 결론적으로 말씀드리면 이 변화를 발전이라고는 볼 수가 없다는 것입니다.

일과 수행, 그 아름다운 조화

이 글과 관련해서 더 자세하게 보려면 정토출판에서 출간된 〈미래문명을 이끌어갈 새로운 인간〉을 참조하세요.

노동을 하고 있는가

 사람들은 쉴새 없이 무엇인가를 계획하고, 일을 합니다. 동물들은 하루종일 먹이를 찾기 위해 동분서주 뛰어다닙니다. 사람들도 옛날에는 먹이를 찾아 뛰어다니는 것이 일의 전부였습니다. 그런데 지금은 어떤 일을 하고 그 대가를 받아서 그것으로 생존에 필요한 것을 얻고 있습니다. 엄격하게 말해 이 때 말하는 일은 동물의 생존을 위한 행위양식과 같은 것입니다.

 옛날 노예제도하에서는 일을 한 대가로 주인이 직접 먹을 것을 주었습니다. 그래서 옛날 종의 입장에서 보면 주인이 집에서 쫓아내는 것은 요즘 사람들이 직장에서 쫓겨나는 것과 똑같은 상황이었습니다. 즉, 그 간의 구속에서 해방된 것이 아니라 생존수단이 없어진 셈입니다. 그에 반해 요즘은 자기가 일한 대가를 돈으로 받고, 그 돈으로 자기에게 필요한 것들을 사서 생활합니다. 즉, 자기의 행위를 팔고 그 대가를 받아 생존하는 것입니다. 이렇게 보면 동물들의 생활양식이나 노예제 사회에서 인간의 생활양식이나 또 오늘날의 생활양식은 모두 본질적으로 성격이 같다는 것을 알 수 있습니다.

이처럼 일은 일차적으로는 생존수단입니다. 그렇다고 일이 생존수단으로서만 존재하는 것은 아닙니다. 일을 하면서 자기실현을 이루는 경우도 있기 때문입니다. 그것은 일이 놀이처럼 즐겁고 기쁜 것이 되었을 때 가능합니다. 놀이도 분명히 어떤 행위를 하는 것이지만, 일처럼 대가를 받기 위한 행위는 아닙니다. 놀이는 일종의 자기실현의 방법이라 할 수 있습니다. 그래서 많은 사람들이 힘들여 번 돈을 취미생활에 아낌없이 쏟아붓는 것입니다. 또 자기 방을 청소하거나, 목욕을 하거나, 자기 집을 정리하거나, 자기 입맛에 맞는 음식을 만들거나, 좀더 예쁘게 보이려고 자기 옷을 만들거나 하는 이런 여러 가지 일들도 생존수단으로서의 노동이라기보다는 하면서 스스로 재미를 느끼는 것이므로 역시 자기실현의 일환이라 하겠습니다.

동물들에게는 자기실현의 수단이라는 것이 존재하지 않습니다. 그냥 생존만 하면 됩니다. 옛날 노예들도 생존만 유지하면 되었습니다. 그에 반해 오늘날의 사람들은 회사에 취직하여 번 돈으로 생존을 유지할 뿐 아니라 자기실현을 위한 취미생활도 합니다. 자기 몸을 팔아서 생존수단으로도 쓰지만 자기실현의 수단으로도 일을 한다는 말입니다.

얼마 전까지만 해도 이렇게 생존수단과 자기실현의 행위가 분리되어 있었습니다. 그런데 요즘 신세대들은 생존수단으로서의 일과 자기실현의 수단으로서의 일을 가능하면 일치시키려고 합니다. 그래서 돈을 좀 적게 받더라도 생존수단이 자기의 취미생활과 일치하는 것을 찾는 추세입니다. 그렇게 되면 생존수단을 위해서 노동력을 팔 필요가 없습니다. 지난 시대의 사람들이 백만 원을 벌어서 오십만 원은 생존에 필요한 여러 가지를 구하고, 오십만 원은 자기를 실현하는 데 써 왔다면, 이제는 자기가 하고 있는 일이 생존수단이면서 자기실현도 되기 때문에 오십만 원만 받아도 상관은 없는 것입니다. 과거에는 열 시간을 일하고 다섯 시간을 자기실현의 시간으로 따로 떼어놓았는데, 생존수단과 자기실현이 일치될 때는 하루에 열 다섯 시간을 일해도 상관없게 됩니다.

봉사는 자기실현을 위한 행위입니다. 봉사는 누군가의 필요에 의해 내가 쓰여짐으로써 나를 실현하는 방식이지 생존을 위한 일은 아닙니다. 자기가 즐거워서 하는 일이라는 점에서 봉사는 취미생활과 같다고도 할 수 있습니다. 봉사는 꼭 타인을 대상으로 하는 것만은 아닙니다. 아침에 일어나자마자 몸을 닦고,

자기 방을 청소하고, 먹고 싶은 음식을 만드는 일 그 자체가 봉사입니다. 그것 자체가 자기 자신이라는 한 인간을 위한 일이기도 하고, 자기실현의 행위라고도 할 수 있기 때문입니다. 부모가 자식에게, 아내가 남편에게, 남편이 아내에게, 혹은 친구에게 기꺼이 쓰여질 때는 어떤 대가를 바라지 않습니다. 물론 때때로 대가를 바라는 마음이 개입하기는 하지만, 자기와 관계가 긴밀한 사람에 대한 행위를 할 때에는 보통 대가를 바라지 않습니다.

그러나 일반적으로 타인과의 관계에서는 늘 대가를 바랍니다. 이렇게 대가를 바라는 사고방식은 과연 언제 생겨났을까요? 물론 옛날부터 일은 생존수단이었기 때문에 대가를 바랐겠지만 그것이 더 심해진 것은 자신의 노동가치가 정확하게 돈으로 환산되기 시작한 자본주의 사회로 들어온 이후입니다. 과거 몇십 년 전만 해도 농촌에서는 길 가다가 이웃집 모내기가 덜 끝난 것을 보면 그 논에 들어가 모를 심어 주기도 하고, 어려운 일이 있으면 그냥 가서 거들어 주었습니다. 그렇게 해주면 얼마를 받을 것이라는 생각은 하지 않았습니다. 노동을 화폐로 계산해서 주고받는 개념이 거의 없었기 때문입니다. 아주 작은 일에도 대가 중심으로 계산하는 요즘과는 많이 달랐습니다.

고대사회에서는 사람을 노예로 만들어서 부렸고 그 다음에는 농노라고 해서 평생 농사만 짓도록 땅에다 묶어 두었습니다. 하지만 그것 역시 관리하는 데 비효율적이라 생각되니까 나중에는 농사를 짓게 하고 돈으로 세금을 내도록 했습니다. 그리고 자본주의 사회에서는 일을 한 만큼 돈으로 계산해 임금을 주었습니다. 사실 이 내용을 들여다보면 표면적인 형식은 바뀌어 왔지만 기본적으로 사람이 매여 있다는 시스템이 변한 것은 아닙니다. 옛날의 노예가 주인에게 매여 있었다면, 농노는 땅에 매여 있었고, 지금의 노동자는 돈에 매여 있습니다.

하지만 자기실현 수단으로서의 일은 어떤 대가를 바라는 것이 아니기 때문에 어느 곳에도 매이지 않습니다. 하루 일한 대가로 3만 원을 받는 것이 정상이라면, 과거에는 3만 원을 주는 대신 밥만 먹여 주고 일을 시켰습니다. 밥이야 많이 먹어도 만 원 정도도 안 되니까 그것이 훨씬 이익입니다. 이렇게 일한 대가를 주지 않거나 제대로 계산해서 지불하지 않으면 강제노역에 해당됩니다. 일제시대의 징용도 강제노역이기 때문에 그 때 못 받은 임금에 대한 재판이 현재 진행 중에 있습니다. 강제노역은 일을 하고 대가를 받아야 하는데 대가를 못 받은 것입니다. 봉사는 스스로 대가를 받지 않는 것입니다.

지금까지 이야기한 강제노역과 노동, 봉사를 성관계와 견주어 봅시다. 누군가 자신의 욕망을 채우는 데 내 몸을 강제로 사용했다고 합시다. 썼으면 대가를 줘야 되는데 대가를 안 줬다고 하면 이것은 강간입니다. 내가 돈을 받고 팔았다 하면 매춘입니다. 그러나 내가 바라는 것 없이 상대와 같이 행했다 하면 남녀가 같이 사랑했다고 합니다. 이렇게 똑같은 성행위가 강간이 되기도 하고, 매춘이 되기도 하고, 사랑이 되기도 합니다.

이것을 노동과 비교하면 강제노역은 강간, 노동은 매춘, 봉사는 사랑과 같다고 할 수 있습니다. 대부분의 사람들이 이 중에서 사랑을 칭송합니다. 그런데 사람들은 사랑은 귀하게 생각하지만 사랑과 같은 가치인 봉사는 남는 짜투리 시간에 어쩌다 한 번 하는 것 정도로 생각합니다. 서로 사랑하면서 살라고 했을 때 사람들은 이렇게 말하지는 않습니다.

"사랑만 가지고 어떻게 사는가? 매춘도 좀 해야지."

하지만 사람들은 봉사에 대해서는 다르게 생각합니다.

"봉사만 하고 어떻게 사는가? 대가를 받아야지."

매춘을 하지 않고 사랑을 하는 것만으로도 생존은 물론 자기실현도 이룰 수 있습니다. 마찬가지로 봉사를 통해서도 생존이 유지되고, 전적인 자기실현을 이룰 수 있습니다. '봉사만 하고 어떻게 사느냐? 노동해서 돈을 벌어야지' 라는 이 말은 '사랑만 해서 어떻게 사는가? 매춘을 해서 돈을 받아야지' 하는 말과 그 근본이 같습니다. 이런 사고로 인해 신세대는 원조교제 같은 것도 가볍게 합니다.

요즘 아이들은 돈을 중요시합니다. 그래서 원조교제가 성행합니다. 단란주점이나 식당에서 하루종일 서빙하고 일해 봤자 만 원밖에 못 받는데, 남자 어른과 만나 한두 시간 놀기만 하면 10만 원을 받을 수 있습니다. 자기 노동의 효과가 어느 것이 더 효율적이냐를 따질 때 원조교제가 훨씬 더 손쉽고 효율적입니다. 잠깐 만나 주면 핸드폰, 화장품, 가방, 옷 등 자신이 가지고 싶은 것은 다 가질 수 있으니 아이들은 자기가 무엇을 잘못하는지도 모르는 채 빠져듭니다. 이것은 엄격하게 말하면 매춘입니다.

이탈리아의 매춘부들은 이렇게 주장합니다.

"매춘이야말로 역사상 가장 오래된 직업이다. 우리도 정당한 노동을 하고 돈을 벌었으니 세금을 내겠다."

남의 등을 밀어주고 돈 받으나, 남 지압해 주고 돈 받으나, 업어다 주고 돈 받으나, 안아주고 돈 받으나 마찬가지니 매춘도 하나의 서비스업이라는 것입니다. 다만 어떤 잘못된 생각, 가치관에 의해서 자꾸 나쁘다고 하니까 나쁘게 생각될 뿐이라는 것입니다. 그러나 대다수의 사람들은 그렇게 생각하지 않습니다.

그렇게 남녀 관계에 있어 매춘은 문제가 있는 것이고 사람들은 사랑으로 살아야 한다고 생각한다면, 노동으로 맺는 인간관계가 아니라 봉사로 맺는 인간관계가 되어야 한다는 말을 이해하고 받아들일 수 있어야 합니다. 그것이 바른 사고방식입니다. 하지만 사람들은 이것을 잘 수긍하지 못합니다.

요즘 몇몇 뜻있는 이들이 벌이고 있는 지역화폐 시스템은 노동의 대가를 돈으로 환산하는 것이 아니라, 서로 필요로 하는 서비스를 맞교환하는 시스템입니다. 내가 상대방에게 영어를 가르쳐주고 상대방은 내 논의 모심기를 도와 주는 식입니다. 이것은 자신이 서비스한 대가로 다른 서비스를 이용하는 것이니까 엄격하게 말하면 대가의 형식이 바뀐 것에 불과합니다. 이런 형식과 서로 봉사하면서 사는 것과 무슨 차이가 있는지 한 번 생각해 볼 필요가 있습니다. 내가 서비스를 해준 것의 가치가 얼마라고 계산해 놓고 다음에 내가 필요할 때 그 가치만큼 상대의 서비스를 받는 이 시스템에서 바로 '주고받는다는 생각'만 버린다면 어떨까? 돈 없이 내가 쓰이기도 하고 다른 사람을 쓰기도 하는 관계만 남습니다. 즉 상호 봉사하는 관계가 되는 것입니다.

신용카드나 전자화폐의 경우도 직접 돈을 만지는 것은 아닙니다. 내가 한 달 일하고 받는 월급 백만 원이 내 통장으로 자동 입금되었다가 생활비로 쓴 금액이 자동 지불되는 것입니다. 그 사이에 나는 돈을 직접적으로 취급하지 않습니다. 실제로 돈은 오고갔지만 오고가지 않은 것과 마찬가지입니다. 다만 백만 원을 벌고 얼마가 지불되었다는 것을 '생각'으로 인식하는 것뿐입니다. 그러니까 이 '생각'만 없애버리면 완전한 무료 봉사의 삶이 얼마든지 가능합니다.

정토회에서는 공동체 구성원들이 한 달에 5만 원의 활동비를 지급받고 일하며 전적으로 봉사하는 삶을 살고 있습니다. 일반 사람들은 이런 봉사의 삶을 이해할 수 없을지 몰라도 전자화폐 시대에 있어서는 일반노동도 이와 다를 것이 없습니다. 정토회에서 근무하고 백만 원 받기로 해서 내 통장에 입금되었다가 방세 얼마, 식비 얼마, 전기세 얼마, 수도세 얼마, 이렇게 생활비가 자동 지불되고 나니까 통장에 5만 원이 남았다고 볼 수 있는 것입니다. 이렇게 따지면 다른 사람들과 다른 것이 하나도 없습니다.

차이가 있기는 합니다. 다른 사람들은 노동을 팔면서 그 대가를 얻어 살기 때문에 돈에, 회사에 노예처럼 매여 살고 있지만 정토회의 구성원들은 즐겁게 봉사하는 삶을 살며 자기실현을 이루고 있다는 것입니다. 노동과 봉사가 본질적으로 이러한 것이라는 점을 알고 사람들의 의식만 전환할 수 있다면 앞으로 사회는 시스템 자체가 자연의 관계처럼 대가없이 서로 쓰이고 쓰는 관계로 조금씩 나아갈 수 있을 것입니다.

자기실현의 길

괴로워하던 사람이 부처님의 말씀을 듣고 깨달음을 얻어 새로운 인생을 시작한 경우는 많습니다. 그 은혜를 돈으로 환산한다면 전 재산을 갖다 주어도 모자랍니다. 그러나 부처님은 어떤 대가를 받을 목적으로 남을 도우신 적이 없습니다. 아이가 배고프다고 하면 부엌에 가서 밥상을 차려주는 엄마처럼, 아이가 넘어지면 일으켜 세워주는 엄마처럼 대가를 바라지 않고 행동하신 것입니다.

모든 사람들이 그러하듯 부처님도 먹고 입고 주무셨습니다. 그러나 어떤 대가를 받아서 그런 것들을 해결한 것은 아닙니다. 부처님은 어떻게 의식주를 해결하셨을까요? 부처님은 하루 한 끼를 얻어먹었습니다. 옷은 남이 입다가 버린 옷을 주워 입었고 잠은 나무 밑이나 동굴에서 잤습니다. 그렇게 부처님은 자기 생존을 위해서는 따로 어떤 행위를 하지 않았습니다. 남방불교에는 그런 전통이 남아 스님들이 일에는 손도 안 대고 있습니다. 계율에 어긋난다고 생각하기 때문입니다. 그러나 원래는 그런 단순한 개념은 아니었습니다. 생존하려면 장사를 하든지 밭을 매든지 뭘 해야만 했는데, 부처님은 비구들에게 생존을 위해 대가를 구하는 일은 하지 말라고 하셨습니다.

이 말씀을 오늘날의 상황에 비추어 해석해 보면 노동을 하고 난 후 그 대가를 받지 말라는 말씀과 같습니다. 그런데 '밭도 매지 말라, 집 짓는 것도 하지 말라, 학교 가서 강사 노릇도 하지 말라, 일하지 말라……' 하는 식으로 받아들인다면 그 의미가 제대로 전달됐다고 볼 수 없습니다. 밭을 매든지 땅을 파든지 학교에 가서 강의를 하든지 또는 무엇을 하든지 관계없습니다. 다만 그 행위의 대가를 받지 말라는 것입니다. 그렇다고 또 무조건 받지 말라는 것도 아닙니다. 처음부터 받으려는 목적을 갖고 일하지 말라는 뜻입니다.

부처님은 자기 생존을 위해서 노동하지 않을 뿐만 아니라 다른 사람의 노동에 기생해서 생존해서도 안 된다고 하셨습니다. 오늘날 큰 절을 지어 놓고 먹고사는 것 자체는 엄격하게 말하면 이미 계율에 어긋난 것이라고 볼 수 있습니다. 부처님은 걸식하셨으므로 남의 노동에 기생한 것이 아닙니다. 탁발을 하러 가면 사람들이 거지에게 밥 주듯이 먹다 남아서 버릴 것을 주었습니다. 잠은 나무 밑에서 주무셨기 때문에 방 청소를 누가 대신 해준 것도 아닙니다. 옷도 지금의 스님들처럼 위의를 갖춰야 된다면 누군가가 바느질을 해줘야 하지만 부처님은 시체 싸서 버린 것을 주워 입었기 때문에 남의 노동에 기생하지 않았습니다.

그런데 현대사회의 사람들은 해주는 밥을 먹어야 되고, 해주는 옷을 입어야 되며, 누가 만들어 놓은 집에서 살아야 되기 때문에 일정한 노동도 해야 합니다. 부처님 당시에는 분업화가 안 되어 있었지만 현대사회는 세세한 곳까지 분업화가 되어 있습니다. 그래서 누구든 다른 사람의 도움을 받지 않을 수가 없기 때문에 반드시 다른 노동을 통해 대가를 치뤄야 합니다. 그렇게 하지 않으려면 산 속에서 혼자 조그만 토굴을 짓고 자기 힘으로 밭을 일궈 살면 됩니다. 그런데 큰 절을 짓고, 필요한 모든 것을 사회로부터 제공받고 살면서도 세상과 담을 쌓고 수도하며 지낸다고 하는 것은, 실제로는 세상에 기생해서 생존을 유지하는 것이라고 볼 수 있습니다. 부자들이 준 것은 괜찮지 않느냐고 하는 사람도 있지만 부자가 모아 보시한 그 돈은 다른 이의 노동을 착취한 것이기 때문에 마찬가지입니다.

당시에 부처님의 가르침을 듣고 바른 인생의 길이 어떤 것인지를 자각한 사람은 곧 일을 놓아버리고 출가해서 부처님처럼 살아갔습니다. 이렇게 살아가는 사람들이 비구, 비구니입니다. 이 사람들이 승가의 구성원입니다. 그런 사람들은 중생에게 아무런 해를 주지 않고 중생에게 이익을 주기 때문에 중생의 복전(福田)이라고 했습니다. 이런 사람들이 일반 대중이 귀의할 대상이지 아무나 귀의할 대상이 되는 것이 아닙니다. 그러니까 당시에는 그렇게 출가한 스님들이 삼보인 불법승의 '승'이지, 다른 사람이 승이 될 수 없었습니다.

그런데 세월이 흘러가면서 그런 모습은 점점 줄어들었습니다. 큰 절에 앉아서 교리를 연구하고 있으면 왕이나 부자가 보시를 했고, 승려들은 그것으로 생활을 할 수 있게 되었습니다. 이렇게 되자 그들의 삶은 중생의 노동에 기생해서 생존하는 것이 되었습니다. 눈앞에 보이는 형식으로는 보시를 받아서 살았다고 하지만 전체적으로 보면 이것은 중생의 노동에 기생하는 삶에 불과했습니다.

여기에 반대해서 일어난 것이 대승불교였습니다. 대승불교를 주창하는 대부분의 사람들은 세속에 살면서 장사도 하고 농사도 지었습니다. 그들은 장사를 해서 남은 이득과 농사를 지어서 얻은 수확, 그리고 관리를 해서 받은 월급을 자신들의 이익을 위해 쓰지 않고 어려운 사람을 위해서 베풀었습니다. 형식적으로는 대가를 받았지만 자기 생존을 위한 최소한도의 것을 제외하고는 다 베풀었던 것입니다. 그래서 대승불교에서는 보살의 첫째 덕목이 베풂을 뜻하는 보시바라밀입니다. 이들은 재가 자였지만 실제로는 다른 사람에게 이익을 주는 수행자의 삶을 살았기 때문에 승가의 새로운 구성원이 될 수 있었습니다. 이렇게 해서 비구와 비구니, 우바새와 우바이로 새로운 승가가 형성되었습니다.

오늘날 우리들도 마찬가지입니다. 재가든 출가든 형식에 관계없이 부처님의 가르침을 전적으로 믿고 따르는 승가의 구성원이 된다고 할 때는 세상을 위해서 일을 하되 대가를 받으려는 마음이 없어야 합니다. 설령 직장에 다녀 어떤 대가를 받더라도 세상에 그냥 돌려주어야 합니다. 그러면 그 사람은 머리를 기르고 있든지 깎고 있든지, 결혼을 했든지 안 했든지 관계없이 보살의 길을 걷는 것입니다.

신라시대에는 훌륭한 스님이라고 인정될 때 임금이 하사품으로 땅과 노비를 주었습니다. 만약 분황사에 계신 스님이 훌륭하다고 인정되면 분황사에 토지 몇 결, 노비 몇 명을 줍니다. 그래서 농사짓는 노비, 밥하는 노비, 청소하는 노비, 마차를 끄는 노비가 있었습니다. 부처님도 세속에서 왕자로 살 때는 그렇게 시종들을 거느리고 살았습니다. 하지만 출가하여 승려가 되고 난 후에는 신분제 사회에 살면서도 어떤 특권도 누리지 않았습니다. 그에 반해 신라시대나 고려시대에는 훌륭하다고 평가를 받는 스님들조차도 이런 신분제 사회의 시스템을 벗어나지 못했습니다. 그것을 거부하고 사셨던 스님이라면 신라시대의 원효대사 같은 분을 꼽을 수 있을 뿐입니다.

이 시스템을 현대사회의 그것과 견주어 보면 노비가 바로 노동자입니다. 과거에 먹여주고 재워주면서 일을 시켰던 것과 마찬가지로 이제는 돈을 주며 일을 하게 하는 것입니다. 그래서 절의 공양주 보살에게 돈을 주고 밥을 짓게 하고, 종무소 직원에게 전화받게 하고 월급 주고, 운전기사를 따로 두고 부립니다. 이렇게 보시받은 것으로 월급을 지불하고 살면 왕이 하사하는 토지와 노비를 받아 생활하는 것과 근본적으로 다를 바가 없습니다. 그런데 오늘날 우리 나라에 있는 모든 절이 이런 식으로 살아갑니다. 또 조상 대대로 내려오는 사찰 재산을 구경시켜 주고 그 관람료를 받아 그 돈으로 사람들을 고용해서 편안하게 살아갑니다. 그렇지 않으면 중생들의 복을 빌어주거나, 사주 팔자를 봐 주거나, 결혼이나 이사 날짜를 잡아 주는 대가를 받아 그것으로 먹고삽니다. 대가를 받고 목탁을 쳐주는 노동자가 되어버린 것입니다. 이것은 결코 자기실현의 길이 될 수 없습니다.

정토회는 여러 가지 사회봉사를 하고 있습니다. 그 일이 비록 사회적 공익을 위하는 것이고 대단히 중요한 일이라고 해도 만일 월급 주는 사람을 고용한다면 이것은 사회사업을 하는 하나의 기업이 됩니다.

현대사회에서 자원봉사자들로 구성해서 일하는 것이 과연 효과적일까요? 그렇지 않습니다. 돈을 지불하고 각 부분의 전문가를 고용하는 것이 더 효율적입니다. 그런데 왜 비효율적인 자원봉사자들만으로 일을 해나갈까요? 그것은 우리가 수행자의 삶을 지향하기 때문입니다. 인도에 있는 천민계층의 어린이 무료 교육봉사기관인 수자타 아카데미의 경우, 거기에서 근무하는 선생님들이 모두 자원봉사자들로 구성되어 있습니다. 그러면 돈이 적게 들어서 효율적으로 운영될까요? 사실은 월급을 주고 다른 방식으로 한다면 훨씬 효율적일 것입니다. 월급을 주는 대신 그 사람들을 월급에 묶어 관리하면 훨씬 쉽습니다. 월급을 주면 같이 안 먹고 같이 안 살아도 상관없습니다. 나는 좋은 집에서 맛있는 음식을 먹고 살아도 상관없고 그들에게 가끔 한 번씩 회식을 시켜주고, 보너스를 주면 됩니다. 그러면 말을 아주 잘 듣습니다. 그런데 자원봉사자들은 월급을 안 받기 때문에 관리하기가 쉽지 않습니다. 똑같이 먹고 똑같이 살지 않으면 안 됩니다. 월급을 주지 않는 한 먹는 것이나 잠자는 것을 똑같이 하지 않으면 함께 하기가 불가능합니다. 거기에다 도덕적으로 흠이 있거나 회의 진행이 비민주적일 때도 같이 일하기 어렵습니다. 사실 자원봉사자를 쓸 경우 비효율적이라는 비판도 많습니다. 그러나 한편 인도에 있는 어떤 스님은 나에게 이렇게 묻기도 합니다.

"나는 월급을 9천 루피나 주고 일을 시켜도 말을 잘 듣지 않는데, 스님은 월급을 한 푼도 주지 않는데도 다들 죽기 살기로 열심히 일하니 재주도 참 좋습니다. 도대체 어떻게 하시는 것입니까?"

"스님은 월급을 주고 그 사람을 부리니까 그 사람은 돈 받은 만큼만 일하지요. 그런데 저는 그 사람을 부리는 것이 아니라 이 일이 그 사람의 일이 되도록 하니 그 사람이 주인이고 내가 돕는 사람이지요. 그래서 그 사람은 죽기 살기로 합니다."

지금 우리가 하는 자원봉사자 시스템에 대한 평가도 효율이냐 비효율이냐의 문제가 아니라 이것이 불법(佛法)에 합당한가 또는 이것이 미래 지향적인가의 차원에서 평가를 해야 합니다.

부처님의 가르침에 따라 활동하겠다는 사람들이라면 최소한 몇 가지는 삶의 방식을 바꾸어야 합니다.

첫째로, 먹고 입고 자는 기본생활 정도는 스스로 해결해야 합니다. 기본적인 의식주마저 누군가가 해결해 주어야 한다면, 즉 청소도 하기 싫고, 밥도 하기 싫고, 빨래도 하기 싫고, 이런 것 저런 것 하기 싫다면 나무 밑이나 움막에서 살아야 합니다. 그렇다고 모든 도움을 거절하라는 것은 아닙니다. 우리들이 할 수 없는 일에 대해서는 기꺼이 도움을 받아야 됩니다. 부처님도 몸에 병이 났을 때는 지바카의 도움을 받았듯이, 집을 지을 때처럼 전문적인 기술이 필요할 때에는 다른 사람들의 도움을 받아야 합니다.

둘째로, 우리들의 활동이 아무리 확대되어도 우리들의 생활 방식은 최소한의 소비에 의존해야 한다는 것입니다. 부처님이 걸식하며 극빈의 삶을 사셨듯이 우리는 현대사회에서 극빈층에 속해야 합니다. 그렇지 않으면 이것은 모두 수행자로서는 참회의 대상이 됩니다. 언제나 조금이라도 더 그렇게 되도록 우리가 조금씩 애써야 될 문제지, 힘들다고 불평 불만하는 대상이 될 수는 없습니다. 지금 정토회의 전문 활동가로 들어와서 산다는 것은 부처님 당시로 비교해서 말한다면 이미 비구, 비구니의 삶을 사는 것과 마찬가지입니다.

셋째로, 사회에 있으면서 직장을 다니는 사람의 경우 직장이 보살의 이상을 실현하기 위한 수단이 되어야 합니다. 그러므로 장사를 하면서도 보살의 삶을 살고, 교사를 하면서도 보살의 삶을 살아야 합니다. 비록 사회에서 직업을 가지고 살고 있지만 실제로는 거기에 매여 사는 것이 아닌 셈입니다. 다만 어떤 사업을 더 잘 하기 위해서 해외 파견근무를 하듯이, 어떤 직장이나 어떤 상황을 활용하기 위해서 사회생활을 하는 것입니다. 무공해 농산물을 공급하려면 농장을 만들기도 하고 매점도 운영해야 하는 것처럼 말입니다. 그러므로 직장생활을 하고 있기는 하지만 그의 사고방식은 다른 직장인과는 완전히 다른 것입니다. 이렇게 몸은 그냥 사회에 있지만 삶의 자세가 바뀌면 굳이 절에 들어오지 않고 살아도 승가의 구성원이 될 수 있습니다. 정토회로 말하면 회원이 될 수 있는 것입니다. 이런 지향을 가지고 활동하는 사람들을 우리는 자원활동가라고 부릅니다. 처자식이 있고 남편이 있으며 세속 삶이 있지만 그 방향 자체가 다른 사람들과 다릅니다. 이것이 대승불교에서 말하는 보살입니다.

세상 사람들은 하루 8시간 생존을 위해 일하고, 그 외에 여가생활을 합니다. 죽을 때까지 먹는 것, 입는 것에 목을 매고 삽니다. 그런데 자신이 하는 일이 생존을 위한 것이 아니라 자기실현을 위한 것이라면 24시간 일해도 그것은 모두 자기실현의 길이 됩니다.

그렇다면 24시간 내내 자기실현을 위해 살아가는 사람들은 어떻게 해야 할까요? 첫째, 주체적이어야 합니다. 세상 일이 모두 자기 일이어야 된다는 것이지요. 집 짓는 일이 내 일이고, 밥하는 일이 내 일이고, 청소하는 일이 내 일입니다. 둘째, 기뻐야 합니다. 놀이나 취미생활이라면 신명나게 즐기면서 하지 괴롭게 하지 않습니다. 등산이나 낚시 같은 것은 어찌 보면 굉장히 힘들고 지루한 일인데도 즐거움이 됩니다. 그것은 자신이 그 행위의 주체가 되어 기쁘게 하는 일이기 때문입니다. 셋째, 뭔가 새로운 것들의 발견이 있어야 합니다. 그리고 그것 자체를 삶의 보람으로 삼아야 합니다. 아인슈타인이나 에디슨 같은 사람이 상대성 이론이나 전기를 발견하기 위해 노력하면서 돈이 얼마나 생길까 생각하며 일하지는 않았을 것입니다. 아마 그 발견 자체에 재미를 느꼈을 것입니다. 그 일을 하는 데 시간이 얼마나 소요되었는지, 그 일을 하기 위해 돈이 얼마 들었는지 그것은 중요하지 않습니다. 그 연구 자체가 목표였기 때문입니다. 그런 것처럼 오늘 우리들도 정토사회를 실현하는 길에 혼신의 힘을 기울여 일을 할 때 끊임없이 새로운 것을 발견하는 기쁨이 있습니다. 집을 지으면서, 쓰레기를 치우면서, 풀을 베면서 각종 연장의 사용법도 발견하고 사람과 친해지는 방법도 발견할 수 있습니다. 그리고 그 일을 하면서 자신의 마음변화를 관찰하면 마음이란 것이 어떻게 움직이는지를 발견하게 될 것입니다. 뭔가 새로운 이치를 터득하게 되면 정보가 축적되고, 정보가 축적되면 능력이 생깁니다. 이것이 모두 자기실현의 길입니다.

일이 자기실현이 아닌 노동이 될 경우, 돈 때문에 그 일을 하게 됩니다. 그럴 때 일하지 않고도 돈을 준다면 돈만 받지 누구도 일하려 하지 않을 것입니다. 이것은 사람들이 돈에 매여 있다는 것을 보여줍니다. 돈에 매여 있으니 행위의 주체가 아닌 객체가 될 수밖에 없습니다.

오늘날 대부분의 사람들은 노동의 해방을 이렇게 생각합니다. 노동시간을 좀 단축시키고, 일을 좀 쉽게 하고, 돈을 좀 많이 받게 되면 노동운동에 의해 노동이 해방된 것이라고 생각합니다. 이것은 참 어리석은 생각입니다. 마치 매춘을 하는데 시간은 좀 적게 들이고 몸은 좀 편하며 돈은 더 많이 받자고 생각하는 것과 같습니다. 이것이 진정한 노동의 해방은 될 수 없습니다.

사람들이 이런 해결책밖에 제시하지 못하는 것은 관념 속에서만 몸부림치기 때문입니다. 스스로 관념의 울타리를 치고 그 안에서만 해결책을 찾고 있는 것입니다. 그러나 진정한 해결책은 자기의 틀을 깨서 안과 밖을 동시에 볼 수 있을 때에야 비로소 찾아지는 것입니다. 이렇게 울타리 안에 갇힌 사람들을 두고 불교에서는 꿈속에서 놀고 있다고 표현합니다. 꿈인 줄 알면 깨어나야 하는데 꿈속에서 놀면서 문제를 해결하려고 하니까 여전히 꿈속입니다. 그저 종의 신분이 조금 개선된 것일 뿐입니다. 종이 아닌 줄을 알면 거기로부터 벗어나야 하는데, 여전히 그 시스템을 인정한 채 보리밥 먹다 쌀밥 먹게 된 것, 마굿간에서 일하다가 주인집 안방 청소하게 된 것을 발전이라고 생각하면서 살고 있는 것입니다.

정토회에서 자기실현을 꿈꾸며 일과 삶, 수행의 일치를 생각하는 사람들은 그런 울타리를 훌쩍 뛰어넘을 수 있어야 합니다. 그래서 몇 가지의 새로운 덕목과 사고방식을 갖출 수가 있어야 합니다.

첫째, 우선 세계적 안목, 그리고 거시적인 안목이 있어야 합니다. 오늘날 사람들은 잘 살기 위해서 자연을 정복하는데, 그것이 결과적으로 우리에게 해악으로 돌아온다는 이치를 내다볼 수 있는 큰 안목이 필요합니다. 제3세계의 고통받고 있는 사람들을 외면하는 것이 곧 나에게 고통으로 돌아온다는 것, 또 우리 민족에 있어서 남북 간의 대결이 민족 전체의 손실이라는 것들을 알아야 합니다. 이렇게 사물과 세계의 있는 그대로, 즉 실상을 볼 수 있는 눈을 가져야 합니다. 그렇게 알게 된 것을 두고 바른 견해, 즉 지혜를 가졌다고 할 수 있을 것입니다. 이것이 바로 깨달음입니다

둘째, 지구 환경이 파괴되는 것이, 제3세계의 고통이, 민족의 아픔이 바로 내 일이라고 받아들이는 자비의 마음을 가져야 합니다. 사실대로 아는 것이 지혜라면, 그것을 자기 일로 받아들이는 것은 자비입니다. 그럴 때 비로소 자기가 자기 인생의

주인이자 세계의 주인이 되는 것입니다.

셋째, 아파하는 데서 끝나는 것이 아니라 그 문제를 해결하고자 실천적 행위를 해야 합니다. 그 행위가 바로 자기실현입니다. 문제를 근본적으로 이해하고 자기 일로 자각하면 더 큰 실천이 나오고, 실천이 깊어지면 본질을 더욱 깊게 꿰뚫어 볼 수 있는 힘이 생깁니다. 이것이 바로 지혜, 자비, 실천이 일치되는 보살의 삶입니다.

이러한 삶을 살면서 평온과 기쁨을 유지해야 됩니다. 그러려면 집착심을 버려야 합니다. 자신이 보살이라는 생각, 중생구제를 한다는 생각을 갖고 행하면 평온해지지 않습니다. 그것은 이미 보살행이 아닙니다. 자기를 버려야 합니다. 청소를 하되 청소와 자기가 별개가 아니라 인연 닿는 대로 몸을 나투는 것뿐입니다. 지구 환경이 파괴되면 환경운동을, 굶주리는 사람이 있으면 복지운동을, 어리석은 사람이 있으면 법문을 하는 것뿐입니다. 나는 좋은 일을 한다는 상을 짓지 않고 그냥 인연따라서 나툴 뿐이어야 합니다.

우리들은 이 곳 정토수련원에 수행하러 왔습니다. 수행하러 왔으면 일감이 주어지는 대로 받아들여 그것으로 자기 정진을 해야 합니다. 집 짓는 일이 주어지면 집 짓는 일을 하고, 밥하는 일이 주어지면 밥하는 일을 하고, 예불하는 일이 주어지면 예불하면 됩니다. 그런데 나는 꼭 집 짓는 일을 해야 된다, 아니면 쓰레기 치우는 일을 해야 된다, 혹은 밥하는 일만 해야 된다는 자기 생각이 있기 때문에 갈등이 생기고 마음이 불편해집니다. 좋은 일을 해도 집착하면 이렇게 괴로움이 발생합니다.

우리의 삶은 생존을 위한 것이 아니라 자기실현을 위한 길입니다. 최소한도의 생활을 유지하되, 같이 살기 때문에 돌아가면서 밥도 하고 청소도 해야 하는 등 이 안에서 역할분담이 생깁니다. 이 때 자신이 할 수 있는 일만 해야지, 하지도 못할 것까지 하려는 것도 욕심입니다. 또한 보시받기를 바라는 것이 아니라, 성실하게 최선을 다해서 스스로 맡은 일을 하되 보시가 들어오면 받으면 됩니다. 그러나 그것 역시 우리 자신이 더 소비하는 데 써서는 안 됩니다. 최소한도의 생존을 위해 굶어 죽지 않을 만큼만 먹고, 벌거벗지 않을 정도만 입으면 됩니다. 우리가 의식주의 수준에 신경을 쓴다면 우리를 후원해 주는 대중들을 각성시킬 수 있는 보살의 삶을 살기는 어렵습니다. 물론 이렇게 모여 살아도 옛날 습이 있어서 그런 버릇이 나올 수 있습니다.

하지만 그것을 합리화시켜서는 안 됩니다. 같은 목표를 향해 함께 가는 과정에서 넘어지고 자빠지는 것은 서로 돕고 살아가야 하겠지만 목표 자체가 다르다면 같이 하기 어렵습니다.

인도에 있는 수자타 아카데미의 선생님들 경우 지금은 비록 무료봉사이지만 조금만 더 있으면 월급을 줄 것이라고 생각하고 2~3년씩 봉사하는 사람도 있습니다. 자원봉사로만 운영되는 곳이라고 말해 주어도 몇 년 후 학교가 안정되면 월급을 줄 것이라고 생각하고 있는 것입니다. 내가 7년째 같은 말을 해도 그 생각을 바꾸지 않습니다. 서로가 애초부터 다른 방향을 설정하고 있는 것입니다. 결국 스스로 떨어져 나가기도 하고 조금만 더 기다려본다며 참고 있는 사람도 있습니다.

우리가 가야 할 방향을 정확하게 자각하고 입장이 분명해져야 모든 것이 회통되고 마음이 즐겁습니다. 우리가 살아야 할 삶이 어떤 것인지 정확히 알고 가야 합니다. 그래야 서로 간에 의견을 나누는 것도 복잡해지지 않습니다. 회의에서 낸 결론을 엉뚱하게 알아들어 갈등이 생기는 경우가 있는데, 말로는 다 안다고 해도 실제로는 내부에 자기의 견해가 깔려 있기 때문에 자꾸 갈등이 빚어지는 것입니다. 수행이 무엇인지 방향을 정확하게 잡아야 수행할 것도 없어지는데 그것이 안 잡히니까 늘 갈등이 생깁니다.

정토회는 세속에 살되 세속 집단이 아닙니다. 세속이 나쁘다는 얘기가 아니라 애초 방향 설정이 그렇게 되어 시작된 집단이라는 말입니다. 우리는 부처님 가르침의 근본을 정확하게 자각해서 이 삶을 선택했습니다. 이것은 이미 과거의 많은 스님들이 갔던 길입니다. 그리고 이 길이야말로 오늘날 현대사회가 갖고 있는 여러 가지 병폐를 치료할 수 있는 대안이라 할 수 있습니다.

> 일이 자기실현의 과정이라 하셨는데 사회생활을 하다보면 자기가 원하지 않는 일을 할 수밖에 없는 경우가 있습니다. 그리고 사회적으로 봐도 자기가 원하지 않는 일을 직업으로 해야 되는 사람들이 필연적으로 생길 수밖에 없고, 조직 안에서도 자기가 원하지 않는 일을 해야 하는 일이 발생할 수밖에 없는데 그럴 때 일과 자기실현의 과정이 어떻게 일치될 수 있을지 궁금합니다.

사람마다 원하는 일이 조금씩 다르겠지만 평균적으로 보면 어려운 일보다는 쉬운 일을, 위험한 일보다는 안전한 일을, 일은 적게 해도 돈은 많이 받는 일을 하고 싶어합니다. 또한 자기가 한 일에 대한 성과를 타인으로부터 인정받는 일, 세상 사람들이 선호하는 일을 하고 싶어합니다. 물론 A라는 사람이 하기 싫은 일을 B라는 사람은 좋아할 수도 있고, B라는 사람이 하기 싫은 일을 C라는 사람은 좋아하는 경우도 있습니다. 개인의 성향에 따라 이러한 차이는 있을 수 있지만 대개가 노력은 적게 하고 돈은 많이 받는 쪽을 선호하게 마련입니다.

일에 대한 사회적 평가가 평등하게 이루어지지 않는 한 사람들은 어느 한 직업에 몰리게 됩니다. 그렇게 되면 수요보다 공급이 넘치게 되기 때문에 자연히 그 가운데 일부만 뽑게 됩니다. 거기서 탈락한 사람들은 어쩔 수 없이 본인이 원하지 않는 부분에서 일을 하게 됩니다. 그러므로 사람들이 원하는 것을 모두 수렴한 뒤 사회적으로 조정해야 됩니다. 사람들이 위험한 일을 하기 싫어하면 그 일을 한 대가로 월급을 많이 준다거나 사회적 대우를 잘 해 준다든지 하는 조정이 필요한 것입니다. 사회적으로 꼭 해야 할 일들이 무엇인지 파악해서 평가하고, 그 일에 대한 사회·경제적인 대우뿐만 아니라 사회적인 인지도 등을 조정할 때만이 이런 문제들의 구조적인 해결이 가능합니다.

그러나 현재 사회 시스템은 비교적 일하기 쉬우면서도 사회적인 명성이 있고, 일의 수고가 적으면서도 돈을 많이 벌 수 있는 쪽에 치우쳐 있습니다. 그러다 보니 100명 필요한 곳에 500명이 지원해서 400명은 탈락하고 맙니다. 결국 뽑힌 사람들은 대우받는 것을 당연한 것으로 받아들이고, 탈락한 사람들은 좌절감을 맛보게 됩니다. 이런 모순은 사회구조적으로 해결해야 될 문제입니다.

두 번째는 원하는 일이 있더라도 다 할 수 없다는 것을 알아야 합니다. 자신이 원하지 않는 일도 세상에서 필요로 하면 해야 합니다. 이것이 바로 수행입니다. 이 문제는 사회구조적으로는 해결되지 않습니다. 복잡다단한 문제들이 사회구조적 조정으로 어느 정도 개선될 수 있지만 완전하게 개선된다는 것은 불가능합니다. 따라서 문제를 해결하려면 사회와 개인 모두의 노력이 필요합니다. 사회는 구조적인 문제를 해결해 주어야 하고, 개인은 자신이 원하는 일만 할 수 없다는 것을, 자신이 원하는 일이 다 이루어질 수 없다는 것을 깨닫고 받아들여야 합니다. 원한다는 것은 일종의 욕구입니다. 필요 앞에서 욕구를 내려놓는 것이 우리가 말하는 수행입니다. 아침에 일어나기 싫지만 일어나야 될 때 그 싫다는 생각을 탁 놓고 벌떡 일어나 버리는 것, 청소하기 싫지만 대중을 위해 그것을 기꺼이 받아들이는 것이 올바른 수행입니다. 다시 말해 자신이 원하는 것만 하려는 생각을 버리는 것, 이것을 수행이라고 합니다. 결론적으로 말해 개인적 차원의 수행과 사회적 차원의 구조 개선을 꾸준히 같이 해 나가야 합니다.

정토회 내에서도 어떤 일을 한 결과로 자료가 나오고 실적이 쌓이며 사람들이 잘했다고 칭찬해 주는 일, 그리고 일을 통해 경험이 쌓이고 명예가 얻어지는 일이 있는 반면에 밥하는 일이나 청소 같은 일처럼 중요해 보이지 않는 일도 있습니다. 그런 일은 특별히 경험이 더 쌓이거나 사람들이 대우를 해주는 일이 아니라고 생각되기 때문에 소홀히 하는 경향이 있습니다. 그래서 알게 모르게 그 일을 피하고 눈에 드러나는 다른 부분에서 일하기를 원하는 사람들이 있습니다. 그러면 조직을 운영하는 데 어려움이 생깁니다. 그렇게 일정 시기가 되도록 굳어지면 개인 수행만으로는 문제가 해결되지 않습니다. 그래서 구조적으로 보완해 주지 않으면 완전히 탁 놓아버리고 보살행을 하겠다는 사람이 아닌 이상, 시간이 지나면서 많은 사람들이 불평하고 나가버립니다. 바깥에서 재능을 인정받던 사람들은 안에 들어와서도 대우받고, 특별한 재능이 없어 그냥 시키는 대로 일했던 사람들은 안에 들어와서도 역시 늘 처지는 분위기가 되면 조직은 깨지게 되어 있습니다.

현재 정토회도 식사준비나 청소, 빨래 등을 할 사람들이 부족합니다. 세상의 그런 문제를 개선하고자 하면서도 그런 문제들이 정토회 내에 그대로 남아 있습니다. 그래서 꼭 필요한 일은 대중이 모두 나눠서 하되, 그런 업무를 하나의 전문 분야로 독립시켜서 그 일을 담당하는 사람에 대한 정당한 지위와 작업

조건을 보장하도록 하자는 얘기도 있습니다. 물론 효율을 살리려면 한 분야에서 오래 근무하면서 기술적이든 사회적으로든 경험을 쌓는 편이 효과적입니다. 그런데 한 사람이 집중적으로 한 분야에만 근무하면 그 사람에게만 계속 경험과 정보가 쌓이게 됩니다. 그렇게 되면 처음 참여하는 사람들과 능력 차이가 너무 많이 벌어집니다. 효율을 중심으로 할 때는 능력을 우선시하게 되기 때문에 처음 참여한 사람과의 차이가 벌어져도 괜찮겠지만 우리는 효율만을 중요하게 생각하지 않습니다.

정토회는 3년마다 한 번씩 예외 없이 보직순환제를 실시하고 있는데, 그렇게 되면 효율성은 떨어질 수 있습니다. 하지만 그럼으로써 얻게 되는 공동체적 경험도 많습니다. 보직순환을 통해서 전혀 다른 업무를 맡게 되면 처음에는 여러 가지로 문제가 있을 것입니다. 누구나 처음 시작할 때는 실수도 하고 시행착오도 있습니다. 우리는 이것을 개인의 문제로 돌리지 않고 조직이 다 감싸안아야 됩니다. 공동체를 유지시키기 위해서는 그러한 손실을 감내해야 됩니다. 일의 효율을 앞세워 한 번 맡은 업무를 계속하게 되면 아랫사람이나 허드렛일을 하는 사람에게 무엇인가 보상을 해줘야 합니다. 사회에서는 허드렛일을 한 대가로 돈을 주어 만족을 시켜줍니다. 정토회는 그렇게 할 수 없습니다. 정토회가 사회에서처럼 돈으로 해결하려고 하면 당장은 효율이 오르겠지만 일정한 시간이 지나면 붕괴되어 버립니다.

우리가 지향하는 삶 속에서 이 공동체가 장기적으로 유지되려면 일시적으로는 효율이 떨어지더라도 보직순환이 이루어져야 합니다. 개인이 원하지도 않고 개인의 능력이 전무한 정도라면 조건을 조정해야 하겠지만, 보통 사람이라면 지위를 주고 정보까지 집중시켜 주면 능력은 자연히 생기게 됩니다. 보직을 순환시켜서 다른 사람이 위에 올라가고, 먼저 있던 사람은 개척 분야로 가든지 그렇지 않으면 아래로 내려가서 뒷바라지를 해주면서 물처럼 흘러야 합니다.

이것을 못 받아들이면 자기를 괴롭히는 일이 될 뿐입니다. 자기는 그 일을 하기가 싫은데 시키니까 참 괴롭습니다. 하지만 공동체를 유지하려면 이런 문제들을 다 같이 나누어서 해결해야 합니다. 보직이 순환되면 경험도 쌓아야 하므로 3년 동안은 수행으로 받아들여 맡은 일을 열심히 해야 합니다.

> 마음을 정리하고 절에 들어와서 살면서 기도하고 싶은데 일을 많이 하다보니까 기도에 소홀해지는 경우가 있습니다. 일과 수행에 대해 정리를 해주셨으면 좋겠습니다.

우리는 무엇 때문에 여기 정토회까지 왔을까요? 그동안의 삶이 행복하지가 않았기 때문입니다. 돈이 많거나 지위가 높거나 결혼을 하면 행복할 것이라고 생각했는데 막상 해보니까 그것만 가지고는 결코 행복하지 않았습니다. 그리고 마음이 편안하지 못했습니다. 일을 하면서도 인간관계에서 갈등이 생겨 괴로웠습니다. 그래서 일 자체를 놓아버린 사람도 있고, 일을 하면서도 마음이 편안하지 못해 일 자체가 잘 안 되는 경우도 있습니다. 그런 사람에게는 '이 사회를 어떻게 변화시키느냐 하는 것이 중심과제가 아닙니다. 우선 세상의 일을 자기가 기꺼이 수용해 낼 수 있는 마음을 만들어 가는 것이 중요합니다.

괴로움은 바깥으로부터 오는 것이 아닙니다. 과거나 미래에 대한 집착, 자기 견해에 대한 집착에서 나오는 것입니다. 이런 사람에게는 법문을 듣고 '아, 그렇구나. 내가 왜 괴로운가 했더니 그래서 그랬구나' 하고 스스로 깨칠 수 있는 기회가 주어져야 합니다. 그러면서 참회기도를 하다 보면 전에는 부모님이 잘 못했거나 남편이나 아내에게 문제가 있다고 생각했는데, 사실은 '내가 내 생각에 빠져서 이런 문제가 생겼구나'라는 자각이 생겨 부모에 대해 감사한 마음이 생기고, 아내나 남편에 대해서 감사한 마음이 생깁니다. 이런 마음의 변화가 일어나면 비로소 편안해집니다. 이것이 바로 수행의 길입니다.

수행은 결가부좌한 채 앉아 있거나 절을 하는 형식이 주가 되는 것이 아니라 바로 마음의 갈등을 해소하는 것입니다. 그래서 절에 처음 오시는 분에게는 참회기도도 시키고, 마음 수련 프로그램인 '깨달음의 장'에도 가게 합니다. '깨달음의 장'에서는 자기 존재에 대해서 새롭게 보는 눈을 뜨게 됩니다. 자기가 얼마나 무지한지, 얼마나 많은 자기 견해에 빠져 집착하고 있는지 알게 됩니다. 그 사실을 알게 되면 마음이 편안해집니다. 과거의 한과 괴로움이 사라지고 마음이 기쁨으로 충만합니다.

수행은 마음을 다스리는 것이기 때문에 일의 많고 적음과는 별로 상관이 없습니다. 하지만 일을 하면 그 일에 집착하기 때문에 마음 관찰이 잘 안 됩니다. 그렇기 때문에 일주일이면 일주일, 오일이면 오일, 삼일이면 삼일, 하루면 하루 중에서 일정한 시간을 정해놓고 마음을 관찰해 보는 것이 필요합니다. 집착을 놓는 것은 바로 핑계를 놓는다는 것입니다. 어떤 일 속에서도 자기를 봐야 되는데 자기를 보지 못하면서 '일이 바빠서 그랬다. 어째서 그랬다' 하면서 자꾸 핑계를 댑니다. 지금 하던 일을 내려놓고 하루에 한 시간씩 공부를 하다 보면 핑계거리가 사라지고 반성하는 시간을 갖게 됩니다. 초심자들은 이런 시간을 많이 배정하는 것이 좋습니다.

하지만 아무 일도 하지 않고 절만 하는 것이 수행의 전부는 아닙니다. 신통이나 능력을 얻기 위해 수행을 할 때는 일은 하지 않고 수행만 하려고 합니다. 하지만 진정한 수행은 사람과 부딪치면서, 사람과 만나면서 되는 것입니다. 사람과 만나서 부딪칠 때 자기 자신을 돌아보면서

'아이구, 내가 내 견해에 집착하는구나!'

이렇게 깨닫고 뉘우치는 마음이 있어야 합니다. 그러다보면 나중에는 다른 사람이 이러쿵저러쿵 얘기해도 웃으면서

"아, 그래요? 그렇게 생각하십니까?"

하고 간단하게 대답할 수 있습니다.

만약 내가 컴퓨터를 잘 하거나 목수 일을 잘 하는 사람이라

면, 옆에서 누군가 그 일을 잘 못하면 그 미숙함을 받아들이기가 참 어렵습니다. 그 때 다른 사람의 방식을 나와 다른 하나의 방식, 하나의 견해로 받아들일 수 있어야 마음이 괴롭지 않습니다. 구체적으로 일을 해보면 사람들이 각자 자기의 경험세계를 얼마나 고집하는가 하는 것이 드러납니다. 다른 부분들은 그래도 절을 하다 보면 좀 꺾이는데, 자신의 전공분야나 자신이 좀 잘 하는 분야에 대해서는 자신이 얼마나 오만하고 남을 무시하고 있는지 일 속에서 사람들과 부딪칠 때 자각하게 됩니다. 자각이 되어야 수행의 길로 나아갈 수 있습니다. 만약 부딪치는 그 순간 자각하지 못했다 해도 아침 저녁으로 참회기도를 하면서 '아, 내가 어제 그 일 때문에 상대한테 화를 내고 야단을 쳤는데 그것도 하나의 견해에 대한 집착이었구나.'

이렇게 깨달을 수 있다면 다음에 같은 일이 발생했을 때 조금 마음이 유연해집니다. 한 순간에 완전히 고쳐지지 않아도 일을 하면서 수행을 한다면 조금씩 나아질 수 있습니다.

그래서 정토회에 기도대중으로 처음 들어왔을 때에는 담당업무를 정해주지 않습니다. 정해진 업무를 주면 세상살이처럼 자기 일에 집착하기 때문입니다. 모든 일을 흔쾌히 하고 자기

고집을 피우지 못하도록 기도대중에게는 '무엇이든지 다 하겠습니다' 라는 기도문을 줍니다. 평생 태어나서 설거지 한 번 안 해 봤는데 설거지를 시키고, 밥도 안 해 봤는데 밥하는 일을 시킵니다. 또 청소도 안 해 봤는데 청소를 시킵니다. 여자라고 험한 일은 안 해 봤는데 짐 나르는 것에서부터 못 치는 일까지 시킵니다. 집에서는 남편, 자식과 의견이 맞지 않아 싸웠는데 이곳에 수행하러 와서 보니 일단 무엇이든지 받아들이는 자세가 필요하다는 것을 느끼게 됩니다. 그렇게 받아들이면서 세상에서 자기가 살았던 모습을 돌아봅니다.

'아이구, 해보니 별 것 아닌 것 가지고 그랬구나.'

이렇게 깨달으면서 비로소 자기 견해에 집착하는 것을 놓게 됩니다. 그래서 절에 처음 행자로 들어오면 판사 아니라 대통령이라도 후원에 배치됩니다. 밥하고 청소하고 빨래하고 나무하는 부목을 시킵니다. 자기 견해, 자기 습관, 자기 생각 등 몸에 밴 것을 다 버리도록 만듭니다. 옛날에는 이런 행자생활을 최소한 3년은 시켰는데, 지금은 행자생활이 너무 편해졌습니다. 우리 정토회에서는 백일을 기본으로 합니다. 그래서 하심을 배우도록 합니다. 그 다음에는 비로소 일정한 업무를 주되 자신의 기호에 따라 일을 주지 않고 필요한 곳에 배치합니다. 기도대중은 회원보다 더 엄격하게 대합니다. 그래서 어느 정도 공동생활을 할 수준이 되면 그 때 집과 사회로 돌아가도 되고, 전문적으로 활동하고 싶어하면 실무자로 일을 할 수 있습니다.

그런데도 실무자로 배정되면 자기 일에 대한 집착이 생겨 공부를 안 하게 됩니다. 일을 핑계로 대중생활을 안 하거나 수행을 안 하는 경우가 생깁니다. 기도대중일 때 그렇게 하면 당장 그 자리에서 이렇게 얘기해 줍니다.

"그럼 일 그만두고 법당에 가서 기도하세요."

기도대중으로 있으면서 상근 자원활동가로 일을 할 때면 기도하려니까 일이 너무 많고, 일을 다 처리하려고 하니까 수행이 안 된다고 문제를 제기합니다. 이런 경우에도 어느 것을 먼저 해야할지 모르겠다며 헤맬 것이 아니라 그런 상황 자체를 자신의 수행 과제로 받아들여야 합니다.

또 다른 사람이 갖지 못한 사회적인 경험을 가지고 다른 사람을 위해 봉사할 때, 그 경험을 고집해서 다른 사람과 갈등을 일으켜서는 안됩니다. 세속에서 일을 할 때는 술을 한 잔 마시는 습관이 있었다고 해서 여기 와서도 일할 때 술을 한 잔 마셔야 된다고 하면 이것은 세속에서의 노동이지 수행은 아닙니다. 술을 마시지 않고도 일을 할 수가 있어야 합니다. 대중이 다 같이 한 잔 하자고 한다면 마실 수도 있겠지만 여기서는 그런 이유를 들어서는 안 됩니다. 그런 이유를 댄다는 것은 수행대중이나 기도대중으로서의 자각이 없이 그냥 세상의 노동자로서 권리를 주장하는 것에 불과합니다. 우리는 술을 특별히 금지하지는 않습니다. 그러므로 술을 마실 수도 있고 안 마실 수도 있는데, 주면 마시고 안 주면 안 마시고 일을 합니다.

일 속에서 사람들과 어우러져서 함께 살 수 있고, 일로 인해 다른 사람과 갈등하지 않고, 일한다고 대우받으려는 생각이 없어지면 정토회에서는 한 사람의 유능한 실무자가 될 수 있을 것입니다. 뿐만 아니라 바깥사회에 나가서도 세상살이를 훌륭하게 할 수 있을 것입니다. 어떤 직장에 취직을 해도 수행하는 마음으로 일하니까 아무 문제가 없을 것이고, 사업을 하다 화가 날 때도 술을 마시는 것으로 풀지 않고 자기 자신과 상황을 차근히 살펴보면서 해결해 나갈 것이며, 결혼을 하더라도 도반을 대하듯이 배우자를 대할 것입니다.

그러므로 일과 수행 중 어느 것에 더 비중을 많이 두느냐 하는 것은 고민해야 할 문제가 아닙니다. 다만 이 모순을 잘 뛰어넘는 것이 과제일 뿐입니다. 일 속에서 수행을 하다보면 일이 더 잘 됩니다. 일을 더 잘 하기 위해서는 수행을 해야 됩니다. 일과 수행이 이렇게 조화를 이루고 일치했을 때 그야말로 일이 자기실현의 길이 되는 것입니다.

> *왜 하는지도 모르고 답답한 가운데 일을 하는 경우가 많습니다. 그래서 어떤 일이 끝나고 난 후 다음 일을 시작할 때는 겁부터 납니다.*

그것은 지나간 일에 대한 집착 때문입니다. 지나간 일이 경험으로 살아 남는 것이 아니라 집착이 되어 두려움으로 나타나는 것입니다. 한 번 고문을 당해 본 사람이 다시 고문을 받을 때 두 가지의 상반된 태도를 보입니다. 하나는 한 번 고문을 당해 봤기 때문에 처음으로 고문당하는 사람보다 훨씬 더 잘 당해내는 경우이고, 다른 하나는 고문당한 경험에 사로잡혀 고문한다는 소리만 들어도 겁을 내서 다 말해 버리는 경우입니다. 후자의 경우 과거의 경험에 집착하고 있기 때문에 그런 경험이 없느

니만 못한 것입니다. 똑같은 경험인데도 그 경험에 사로잡히면 두려움이 생기고, 그렇지 않으면 과거의 경험이 나에게 양식이 됩니다.

뭘 모를 때 잘 하는 일이 있고, 그렇지 않은 일도 있습니다. 한 번 해보고 두 번째 할 때 잘 하는 경우도 있고, 반대로 한 번 해보고 두 번째 할 때 오히려 못 하는 경우도 있습니다. 한 번 해보고 다음에 더 잘 하는 것은 그 사건에 집착하지 않기 때문에 그것이 살아 있는 경험이 되기 때문입니다.

정토회에 들어와서 살고 싶어하는 사람은 누구나 삼일에 걸쳐서 절을 만 번 해야만 합니다.

"뭘 모를 때만 배나 할 수 있었지, 알고서야 만 배를 하겠나?"

이렇게 얘기하는 것은 만 배 할 때의 고통에 사로잡혀 있는 것입니다. 하지만 만 배 할 때의 그 고통을 이해한 사람은 다음에 만배 할 때는 훨씬 쉽게 합니다.

'이렇게 한다고 뭐가 좋아지겠나?'

처음 만 배를 할 때는 이렇게 불평하면서 죽을 것처럼 힘들게만 생각했지만, 지나놓고 보니 그것이 아주 큰 힘이 된다는 것을 알게 되기 때문입니다.

어떤 일을 앞에 놓고 불안하면 그 때는 이렇게 생각해야 됩니다.

'내가 지난 번 했을 때의 어려움에 집착하고 있구나. 그것이 경험으로 살아나지 않고 다만 집착하고 있을 뿐이구나.'

처음 모르고 단식할 때나 했지, 한 번 해보고 난 뒤 그 복잡하고 어려운 과정을 생각하면 다시 못 하는 사람이 많습니다. 그러나 반대로 한 번 해봤기 때문에 가볍게 할 수도 있는 것입니다. 단식을 경험해 보고 난 후 나는 이제 며칠 굶어도 아무런 두려움이 안 생깁니다. 예전에는 하루 이틀 굶으면 큰일나는 줄 알았는데, 이제는 열흘 굶을 상황이 되어도 느긋할 수 있게 되었습니다. 이미 20일 정도 굶어도 별일 없더라는 경험을 했기 때문입니다.

나는 북한 사람들의 증언을 무수히 들어왔습니다. 처음에는 단편적으로 밖에는 이해가 되지 않았지만 이제는 새로운 증언 한 마디만 들어도 전체가 어떻게 변하는지 이해가 되고, 어떤 상황에 대한 단어 하나, 설명 하나만 들어도 실에 구슬이 주르르 꿰어지듯이 단번에 상황이 파악됩니다. 그것은 정보가 축적되어 있기 때문에 그런 것입니다.

그런데 같은 경험이라도 단순 축적은 도움이 안 됩니다. 자동차 부속 2만 개를 바구니에 그냥 담아 놓은 것과 조립해서 자동차로 만들어 둔 것과는 그 작용이 다릅니다. 들어온 정보가 이치에 맞게 정리가 되면 상황파악이 잘 되어 일의 진행속도가 빠릅니다. 그것이 마치 자동차가 시동을 걸면 움직이는 것과 같습니다. 단순히 정보를 쌓아 놓는 것은 자동차 부속 2만 개를 바구니에 담아 놓은 것과 같습니다.

어떤 사물이 이해가 안 되면 그것이 머릿속에 화두처럼 박혀서 늘 맴돌게 해야 합니다. 하지만 번뇌로 맴도는 것과는 다릅니다. 번뇌로 맴도는 것과 이치를 뚫고 나가려고 맴도는 것은 달라도 아주 많이 다릅니다. 번뇌로 맴돌면 머리가 아프고 복잡하지만 이치를 찾아서 계속 맴도는 것은 의문을 뚫고 나가려고 하는 화두 같은 것입니다. 그래서 기도를 하든 밥을 먹든 길을 가든 기회만 있으면 그것이 되살아나서 머릿속을 맴돌다가 어느 날, '아! 그랬구나!' 하고 문득 깨달아져서 해결됩니다.

'절집 화장실이 이렇게 지저분하다니 말이 안 된다. 사람들이 참 말을 안 듣는다.'

화장실를 청소하면서 이렇게 생각한다면 이것은 망상이고

절벽 아래에서 불평하는 것과 같습니다. 그런데 '이것을 어떻게 하면 해결할까?' 이렇게 깊이 생각하고, 다른 사람들의 이야기도 들어보고, 다른 절에서는 어떻게 하고 있는지도 알아보고 난 뒤 좋은 해결책을 찾는다면 그것은 탐구하는 자세이고 수행하는 마음입니다.

누구나 어떤 일을 처음 할 때는 두려움이 생기지만, 그 두려움은 금방 지나가 버립니다. '잘 안 되는데 어떻게 할까?' 라는 생각을 놓아버리고 지금부터 하면 됩니다. 자전거를 잘 타는 사람은 손을 놓고도 잘 탑니다. 그런데 어떤 사람들은 두 손으로 잡고도 못 탄다면서 애꿎은 자전거를 발로 찹니다. 하지만 엎어지고 자빠지고 무릎 깨져가면서 몇 번 해보면 누구든지 자전거를 잘 탈 수 있게 됩니다.

'공양간은 자원봉사자를 관리하기가 참 어렵다.'

'내가 몸이 아프면 공양간 일이 안 돌아간다. 내가 같이 해야 돌아가고 내가 아프면 사람들이 분별심을 내서 잘 안 한다.'

이렇게 생각하는 것도 모두 잘못된 생각입니다. 내가 아픔으로 해서 상대가 더 열심히 하게 할 수 있습니다. 몸이 건강할 때는 상대보다 더 열심히 하고, 몸이 아플 때는 누워서도 조정할 수 있습니다. 내가 누워 있기 때문에 사람들로 하여금 더 열심히 해주고 싶은 마음이 일어나게 할 수 있습니다. 내가 열심히 하기 때문에 상대가 열심히 하기도 하고, 내가 아파 누워 있기 때문에 상대가 나를 도와 열심히 할 수도 있습니다. 꼭 자기가 해야 된다는 생각을 버려야 됩니다.

일은 이치에 맞게 해야 합니다. 옛날에 쓰던 M1 소총은 초점이 잘 안 맞았습니다. 그래서 그 기준 대로 쏘면 엉뚱한 곳에 맞았습니다. 처음에 쏠 때 과녁보다 오른쪽에 떨어져서 그 다음에는 약간 왼쪽으로 쏘아보지만 그래도 잘 안 맞기는 마찬가지입니다. 하지만 이것을 몇 번 거듭 해보면 나중에는 과녁을 잘 맞출 수 있습니다. 그런데 유독 계속 틀리는 사람이 있고, 총이 나쁘다고 불평만 하는 사람이 있습니다. 그런 사람에게는 총을 바꿔준다고 해도 틀리기는 매 한가지입니다. 그렇기 때문에 자녀를 키울 때 이치에 맞게 일을 가르치는 것이 매우 중요합니다. 주입식 교육은 당시에는 효과가 나타나지만 사실 그것은 학교 성적을 올리는 데만 도움이 되지 창조성 발달이나 세상살이에는 전혀 도움이 되지 않습니다. 주입식 교육은 단순정보의 축적에 불과하기 때문입니다.

대중과 함께 새로운 세상을 열어가는 길

보통 사람이 갖는 특징들

　대중은 지혜가 있거나 식견이 밝은 사람이 아니라 자기와 자기 주위밖에 모르고 일상적으로 살아가는 사람을 말합니다. 물론 모두 그렇지 않은 사람들도 있지만 보통 대중이라고 할 때는 그런 개념으로 이해합니다. 또한 통속적으로 살아간다고 해서 어리석은 사람이라는 뜻도 있고, 단순하게 다수의 사람들이라는 뜻도 있습니다. 아마 우리들 대부분은 이 대중 속에 포함될 것입니다. 그렇다면 바로 이 대중의 특징은 무엇일까요?

　대중의 제일 큰 특징은 경계에 따라 끄달리며 산다는 것입니다. 하지만 그것을 비난하거나 가르치려고 들어서는 안 됩니다. 신도들이 절에 와서 덥다고 짜증낼 때 '아이고, 절에까지 와서 왜 저럴까?' 이렇게 말하면 안 됩니다. 더울 때 짜증내는 것을 인정해야 합니다. 또 남편이나 자식과의 갈등을 절에 와서 하소연하는 모습을 못마땅하게 생각해서는 안 됩니다. 하소연하는 그 마음을 인정해야 합니다. 그것이 옳다 그르다, 잘했다 잘못했다는 것을 떠나 그 사람이 그런 성격, 그런 생각을 갖고 있음을 인정하는 것입니다. 짜증내고 하소연하는 그 마음을 인정하고 그 다음에 위로를 해줄 것인지 그 생각을 바꾸게 해줄 것인지를 정해야 합니다.

그런데 그런 모습을 본 우리들의 반응은 어떤가요? 대부분의 사람들이 상대방을 인정하지 못합니다. 절에 와서 공부를 조금 하면 개구리가 올챙이 시절을 모르듯이, 자신이 처음 절에 왔을 때는 잊어버립니다. 그러니 현재 그 사람의 고통을 인정하지 못하는 것입니다. 고통을 하소연하는 사람에게 위로를 해주기는 커녕 중생심을 가지고 있기 때문이라고 잘라 말합니다.

"당신 마음에 문제가 있다. 이 곳에 와서 마음공부를 하고 참회해야 한다."

이 말이 틀린 것은 아닙니다. 하지만 그 말은 상대방에게 질책하는 말로 받아들여질 뿐입니다.

상대방에게 진정으로 도움을 주기 위해 부정하는 것과 들어보고 나서 말도 안 되는 이야기를 한다며 거절하는 것은 성격이 다릅니다. 어떤 사람이든, 그 사람이 어떤 문제를 가지고 왔든 먼저 그 사람을 이해해 주려는 자세가 필요합니다. 남편이나 아내가 있으면서 다른 여자나 남자와 관계를 맺더라도 그럴 수 있다는 것을 인정해야 합니다. 과연 그것이 그 사람의 인생에 도움이 될 것인가 아닌가는 그 후 다시 생각해 볼 문제이지 단죄하거나 상대방의 입장을 부정해 버려서는 안 됩니다. 우리들 마음속에도 다 그런 성품이 있습니다. 또한 그들은 그럴 만한 조건에서 성장했기 때문에 그럴 수밖에 없던 것입니다. 경계에 끄달리는 사람임을 이해해 주어야 합니다. 어떤 일이 벌어졌다면 그것은 벌어질 수 있는 일이기 때문에 일어난 것입니다. 일어난 일에 대해서는 본래부터 그럴 수 있기에 일어난 것임을 인정해야 합니다. '도대체 사람이 어떻게 그럴 수 있나?' 라고 하면 상대뿐만이 아니라 자기도 답답해집니다. 경계 따라 마음이 흔들리는 것이 사람이기에 어떤 일이든 저지를 수 있습니다. 그래서 아편을 피우는 걸 보면 아편을 피우고 싶고, 연애하는 것을 보면 연애를 하고 싶고, 속이 답답하면 바깥에 가서 아무렇게나 해버리고 싶은 마음이 있는 것이 사람입니다. 그것을 이해하고 인정해 줄 수 있어야 합니다.

둘째, 대중은 자기식대로 하려는 속성이 있습니다. 절에 처음 오면 누가 절을 하는 것을 보고 그대로 따라 배웁니다. 그래서 습관이 되면 다른 사람이 그렇게 하지 말라고 해도 자기식대로 하려는 저항이 일어납니다. 자기를 가만히 들여다보면 알 수 있습니다. 다른 사람을 보고 흉내낸 것에 지나지 않는데도 마치 그것이 처음부터 자기 것인 듯 움켜쥐고 고집합니다. 그래서 다른 방식에 대해 반발합니다. 하지만 어떻게 보면 좋은 점도 있습니다. 자기식대로 하려고 하기 때문에 기분만 내키면 무엇이든 잘 합니다. 자기 기분만 내키면 하루아침에 천만 원도 보시할 수 있습니다. 대중은 그런 점에서 순수합니다. 자기가 흔쾌하면 무엇이든 합니다. 하지만 반대로 자기식대로 안 되면 금방 싫증을 냅니다. 대중의 이런 속성을 잘 이해해야 합니다.

마지막으로 대중은 항상 의지하려고 합니다. 이 의지심 때문에 책임을 너무 많이 지우면 부담스러워서 일을 못합니다. 자기식대로 하되 책임은 다른 사람이 져주면 잘 합니다.

앞서나가는 사람의 마음자세

이런 대중의 세 가지 성격은 특정한 사람에게만 해당되는 것이 아니라 대부분의 사람들이 가지고 있습니다. 이런 대중의 특성을 토대로 대중 대표자가 일을 할 때는 어떤 자세로 해야 할

까요?

첫째, 무엇이든 모범을 보이면 매우 쉽습니다. 대중에게 무엇을 하라고 시키면 자존심 때문에 기분이 상해서 안 하고, 아무 말도 안 하면 아무 말 안 하기 때문에 또 안 합니다. 그러므로 제일 좋은 방법은 스스로 따라 하도록 하는 것입니다. 법회가 끝나면 정성을 다해 먼저 보시를 하면 됩니다. 그러면 몇 사람은 이상하다고 생각해서 묻습니다.

"왜 보시를 하는가?"

"법문을 들어서 마음에 기쁨을 얻었기에 내 기쁨을 표현하기 위해 보시를 한다."

이렇게 대답해 주면 충분합니다. 그러면 자기도 따라 하고 싶은 마음을 냅니다.

대중은 누구나 좋고 싫어하는 분별심을 가지고 있습니다. 법문 듣는 것은 좋아하는데 절하기를 싫어하거나, 절하는 것은 좋아하는데 법문 듣는 것은 싫어하는 등 성격이 다 다릅니다. 법문 듣는 것은 좋아하는데 절하는 것을 싫어하는 사람이 절을 꼭 해야 되느냐고 물을 때, 절에 왔으니까 당연히 절을 해야 하고, 며칠만 지나면 익숙해져서 괜찮다고 하면 금방 따라 하는 사람도 있고, 자기나 하지 남에게까지 하라고 강요한다고 생각하는 사람도 있습니다. 그 때 절을 당연히 해야 하는 것이라고 얘기하지 않고

"아, 저도 절에 그냥 법문만 들으러 다녔는데 이렇게 절을 한 번 해보니까 법문도 귀에 잘 들어오고 마음이 편해졌습니다."

이렇게 얘기하는 것은 절을 하라고 하는 것과 많이 다릅니다. 자신의 경험을 상대에게 강요하지 않고, 자신이 경험한 것을 객관적으로 얘기해서 보여 주는 것입니다.

법문을 듣고 난 후 다 같이 밥을 먹고 설거지하는 것을 보면 따라 해야 되는지 그냥 집에 가야 되는지 잘 몰라서 망설이는 사람도 있습니다. 하기 싫어서 안 하는 것이 아니라 처음 온 사람이 나서서 해도 되는 것인지 그냥 얌전히 있어야 하는 것인지 몰라서 그런 것입니다. 그럴 때도 설거지를 하라고 하면 반발심이 생기고 기분 나쁠 수도 있습니다.

"설거지를 해야 하나요?"

이렇게 물어올 때

"예. 저도 사람이 부족해서 좀 도와 주고 있는데, 같이 하니까 참 좋습니다."

이렇게 대답하든지 아니면

"같이 먹은 사람들끼리 모여 설거지를 합니다."

이렇게 가볍게 이야기를 하면 됩니다.

대중은 누구나 경계에 끄달리고 있기 때문에 그 사람의 생각이나 행위를 먼저 인정해 주어야 합니다. 상을 차릴 때 숟가락과 젓가락을 놓는 순서가 달라도 인정해야 합니다. 그 사람은 그런 방식으로 배웠기 때문입니다.

"집에서 하던 못된 버릇을 절에까지 와서 하느냐?"

이렇게 야단을 치면 마음에 대못이 '꽝' 하고 박힙니다. 그렇게 되면 이성적으로는 절에 가서 마음공부해야지 하면서도 심정적으로는 가기가 싫어집니다.

자신이 처음 절에 왔을 때를 생각해 보면 절의 어떤 것에 호의적이었고, 어떤 것에 거부반응이 일어났는지를 알 수 있습니다. 그런 것을 잘 살펴서 배려해 줄 수 있어야 합니다.

일거리가 없어서 혼자 뒤에서 빙빙 돌아도 서먹서먹하고, 절에 처음 온 날부터 일을 시켜도 거부반응이 생깁니다. 하지만 어떤 사람은 가던 날 곧바로 일을 시켜서 절이 좋아진 사람도 있고, 그냥 조용히 왔다 가도록 내버려 두어서 절이 편안하게 느껴진 사람도 있습니다. 다 사람 성격 따라 다릅니다.

무엇이든 먼저 모범을 보이면서 그것을 왜 하느냐고 물어왔을 때

"이렇게 하니까 마음이 참 편해지면서 좋습니다."

이렇게 얘기해 주면 상대방도 스스로 판단해서 따라 하게 됩니다. 그 때에는 심리적 저항감도 없고 자발적으로 하는 것이기 때문에 더 열심히 하게 됩니다. 이렇게 하는 것이 가장 부드럽게 그러나 가장 빨리, 가장 적극적으로 참여하게 하는 방식입니다. 어렵게 생각하면 어렵고, 쉽게 생각하면 쉬운 일입니다.

그리고 대중은 자기식대로 하려는 성향이 있으므로 지켜보는 사람 쪽에서 마음의 여유를 가지고 있어야 합니다. 법문 들을 때는 조용히 법문만 들었으면 좋겠는데 향을 꽂는 사람도 있고 삼배를 하는 사람도 있습니다. 부처님을 보면 향을 꼭 꽂아야 한다고 생각하는 사람은 법문 중이든 아니든 그 일을 하려고 하고, 삼배를 꼭 하고 앉아야 된다고 생각하는 사람은 법당 안에서 다른 사람들이 무엇을 하든 그것을 먼저 하려고 합니다. 자기식대로 하려는 습성이 있기 때문입니다. 그런 사람들을 이해할 수 있는 마음의 여유가 준비되어 있어야 합니다. 틀이 너

무 꽉 짜여져 있으면 참여의 폭이 제한됩니다. 일정한 테두리는 필요하지만 일정 정도 여유가 있어야 사람들이 잘 참여할 수 있습니다. 일정한 형식이 견고하게 굳어지면 사람들은 자기식대로 할 수 있는 영역을 만들기 위해 자꾸 다른 패를 만들게 됩니다. 우리는 이들을 이해할 수 있어야 합니다. 그것들을 점차로 바꿔나가는 것은 우리들의 목표이지만 현실을 부정해 버리면 안 됩니다.

또한, 대중은 의지심을 갖고 있기 때문에 대표자는 일정한 수준에서 그것을 조절할 수 있어야 합니다. 대중은 누가 하면 따라 하겠다고 하면서 항상 뒤로 한 걸음 물러나 있습니다. 대중의 뜻을 받들어 일을 할 때 "내가 다 알아서 할테니까 걱정하지 말라"고 하는 것도 문제이고, 대중에게 책임을 모두 넘기는 것도 문제입니다. 전적으로 맡아서 다 해버리면 대중의 의지심을 자꾸 키우는 것이 되기 때문에 지도자의 카리스마가 생깁니다. 그렇게 되면 지도자가 엉뚱한 방향으로 끌고가도 대중은 판단할 능력이 없어집니다. 또한 지도자가 죽거나 자리를 비우게 되면 하루아침에 망해 버립니다. 대중에게 책임을 많이 지우는 것은 의지심이 강한 대중을 뒤로 더욱 물러서게 하는 원인이 됩니다. 그래서 그 정도를 잘 조절할 필요가 있습니다.

그리고 대표자는 자기 중심을 분명하게 가져야 합니다. 그러면 처음에는 사람들이 약간 반발하는 것 같아도 그 뒤에는 잘 따라오게 됩니다. 최소한 몇 가지 방향성 같은 것은 절대 타협하지 않는 것도 필요합니다. 그래서 아주 중요한 부처님 가르침에 대해서는 사람들의 생각을 바꾸도록 해야 합니다. 물론 그것이 고집으로 비치면 곤란합니다. 하지만 지혜롭게 잘 풀어갈 경우, 처음에는 약간 섭섭하게 생각하지만 시간이 경과하면 확고부동한 중심이 있다는 것에 대해서 긍정적인 마음을 가지고 신뢰를 보내게 됩니다. 그러므로 수행이나 활동에 대해서는 대중들보다는 분명한 입장을 가지고 있어야 합니다. 그래야 대중들의 경계에 휩쓸려들지 않을 수 있습니다.

대표자는 특별한 사람이 아닙니다. 다만 다른 사람들을 대변하거나 대신하는 사람일뿐입니다. 대변하고 대신한다는 말 속에는 나를 내세우지 않는다는 뜻이 들어 있습니다. 오로지 그들의 의견을 대변하는 통로일 뿐입니다. 대표자는 자기 의견과 전체 의견이 모아진 것을 혼동하면 안 됩니다. 대표자에게도 자기 의견은 있어야 하지만 그 의견도 대중의 의견 가운데 하나일 뿐입니다. 대표자라고 해서 자기 의견이 곧 전체 의견이 될 수는 없습니다. 무엇보다도 명확하게 사견(私見)과 공의(公儀)를 구별할 수 있어야 합니다. 그러기 위해서 제일 중요하게 깨달아야 할 것이 '무아집(無我執)'입니다. 아집은 자기 생각이 옳다는 견해입니다. 즉, 자기 생각에 대한 고집입니다. 이것을 버려야 합니다. 자기 생각에 대한 고집을 버려야 한다는 말은 자기 생각을 내면 안 된다는 뜻이 아닙니다. 개인적으로는 언제든지 자기 생각을 말할 수 있지만 거기에 집착하면 안 된다는 것입니다. 자기 생각은 많이 내 놓아도 괜찮습니다. 서로 아이디어를 많이 제시해야 더 좋은 방법들을 찾아갈 수 있기 때문입니다. 하지만 회의 결과 자신의 의견이 받아들여지지 않으면 그냥 결과대로 따르면 됩니다. 자기 의견이 받아들여지지 않았다고 해서 기분 나쁘다든지, 자기가 제안한 것이 수용되었다고 해서 자만하는 것은 모두 다 자기 생각에 대한 집착을 일으키는 것입니다. 그것을 아집이라고 합니다.

아집은 사회적 지위가 높으면 높을수록 강합니다. 지위가 낮은 사람은 자기 의견이 받아들여지지 않아도 별 상관이 없는데, 지위가 높으면 높을수록 자기가 낸 의견이 받아들여지지 않으면 기분이 안 좋습니다. 대표자는 무아집의 자세를 가지는 것이 좋습니다. 한 개인이 자기 생각을 고집하면 그 개인에게 거부감이 들 뿐이지만, 대표자가 자기 생각을 고집할 때는 그 집단 자체에 대한 거부반응이 일어납니다. 이것이 보통 사람들의 특성입니다. 그러므로 대중의 그런 특성을 보고 수행이 됐니 안 됐니 시비할 것은 없습니다.

그렇다면 대중의 그러한 특성에 맞게 대변하는 것은 어떻게 하는 것일까요? 대중은 의지심이 있으니까 대표자는 방향성을 가지고 있어야 합니다. 자기 소신이 있어야 된다는 말입니다. 자기 소신을 가지는 것과 무아집은 얼른 보면 서로 상충하는 것 같습니다. 하지만 그것은 결코 서로 상충하는 것이 아닙니다. 소신은 상황을 바르게 판단할 수 있는 지혜에서 나옵니다. 그런 지혜는 무아집의 자세에서 비롯하는 것입니다. 그러므로 결코 서로 다른 것이 아닙니다. 소신이 없으면 물에 술 탄 듯 술에 물 탄 듯 합니다. 그렇게 되면 힘있는 모임으로 발전해 나갈 수가 없습니다. 정토사회 건설이니 하는 이상들은 물 건너가고 이웃끼리 차나 한 잔 마시고 재미있는 얘기를 나누는 모임 노릇밖에는 못합니다. 그러면 몇 번 나오다가 자기 인생문제가 해결되지 않고 만족이 안 되니까 재미는 있지만 시간 아깝다는 생각을 하게 됩니다. 그러면 사람들의 모임 횟수도, 나오는 사람들 숫자도 점점 적어지고, 몇 사람만 남아 차나 마시고 이야기를 나누는 친구관계로 변해버립니다. 수행모임에서 개인적인 친분관계가 되어버리는 것입니다. 그래서 대표자는 반드시 일정한 방향성을 갖고 있어야 합니다. 수행에 대한 원칙을 갖고 사람들의 마음이 그 방향으로 흘러갈 수 있도록 물꼬를 터줄 수 있어야 합니다.

다른 사람의 고통을 들을 때 제 자신이 답답함을 느낍니다. 그럴 때 어떤 마음가짐을 가져야 할까요?

남편과 갈등하고 있다가 절에 와서 법문 듣고 참회를 하고

'아, 그게 아니었구나. 내가 마음을 바꾸니 남편이 바뀌는구나.'

이렇게 깨닫는 보살님들이 있습니다. 그 후 자기와 비슷한 처지에 있는 사람을 보면 잘 도와줄 수 있을 것 같은데도 오히려 더 못 도와줄 때가 있습니다. 답답함이 앞서기 때문입니다. 나도 옛날에 저랬는데 싶어 그러면 안 된다는 소리가 먼저 나옵니다. 상대가 남편이 어쩌고저쩌고 할 때 '아이고, 생각 한 번 탁 바꾸면 될텐데' 하는 생각이 앞서게 됩니다. 이것은 그 사람의 처지를 이해한 것이라기보다는 내 심정에 빠져버린 것이라고 할 수 있습니다. 그렇기 때문에 답답하다는 마음을 일으키나 그것 때문에 오히려 상대를 더 답답하게 만듭니다.

무엇인가 조언을 해주려고 마음을 냈던 사람도 두세 번 시도해 보고 안 되면 답답해 하면서 포기하고 맙니다. 그런데 자기의 옛일을 생각해 보면 조언자에게 인내가 필요하다는 것을 금

방 알 수 있습니다. 한 생각 돌이키는 것이 그렇게 쉬운 일은 아닙니다. 열 번, 스무 번, 백 번의 조언을 듣고서야 겨우 마음이 조금 움직인다는 것을 알아야 합니다. 그런데 우리는 그 시간을 못 기다리고 아무리 얘기해 줘도 안 된다는 판단을 내려버립니다. 기다리지 못하니까 답답해서 미혹에 빠집니다.

'머리 한 대 때리면 생각이 순식간에 바뀌는 도깨비 방망이 같은 것은 없을까? 상대의 마음을 탁 알아서 금방 해답을 줄 수는 없을까?'

이런 생각을 하다가 수행자가 신통력을 구하는 쪽으로 방향이 쏠리기도 합니다. 그러면 마음공부에는 진척이 없습니다.

이렇듯 어떻게 해보려는 조급함이 앞서면 자신이 과거에 했던 같은 경험이 오히려 장애가 될 수 있습니다. 조급함만 개입시키지 않으면 경험해 본 사람이 훨씬 더 잘 도와줄 수 있습니다. 자식 때문에 고생하다가 문제를 해결한 사람이면 자식문제로 고민하는 사람들을 잘 도와줄 수가 있습니다. 인생을 살아가면서 갖가지 고난을 겪은 사람이 수행을 통해 고난을 잘 극복하고 더 자유롭게 살아가게 되었다면 그가 겪은 고난이란 오히려 좋은 법사가 될 수 있는 밑거름이 됩니다. 그러니까 현재 자신이 겪고 있는 일이나 어려웠던 경험들을 나쁘게만 생각할 필요는 없습니다. 수행을 통해 극복만 되면 앞으로 회향하는 삶을 사는 데 큰 도움이 됩니다.

어느 때 제가 고문당하면서 깨달은 바를 얘기했더니
"우리는 고문을 안 당해 봐서 못 깨닫겠네요?"
이렇게 말한 사람이 있었습니다. 그런 것처럼
"인생에 고통이 없으니 공부가 안 되겠구나."
이렇게 생각해도 안 됩니다. 살면서 부딪치는 어떤 문제든지 각자의 삶에 있어 자산으로 전환시킬 수 있습니다. 똑같은 경험도 어떻게 받아들이느냐 하는 것에 따라 그것이 고정관념이 되어 굳어지기도 하고 고정관념의 틀을 깨는 계기로 작용하기도 합니다. 고통을 크게 당한 사람이 그보다 쉬운 문제로 고민하는 사람을 도와 주기는 쉽습니다. 그런데 자신이 큰 문제를 극복했다고 해서 자그마한 문제로 힘들어하는 사람을 만났을 때
'별것도 아닌 것을 가지고 그런다. 나는 그보다 더한 일도 겪었다.'
이런 생각을 앞세운다면 자신의 경험이 고정관념이 되어 다른 사람들에게 아무런 도움이 안 됩니다.

사람들이 어떤 문제를 의논해 올 때 가볍게 흘려버리지 않고 집중하면 스님이나 법사가 아니어도 충분히 상담해 줄 수 있습니다. 인생살이에서 부딪치는 문제가 무슨 특별한 일이 아니기 때문입니다. 결국 누구나 겪는 비슷비슷한 일이고, 또한 근본을 따지고 보면 그 기본 원리는 거의 같습니다. 나라는 고집, 내 것이라는 고집, 내 의견이 옳다는 고집에서 생겨난 탐진치 때문에 생겨난 문제가 이런저런 모양으로 드러나는 것일 뿐입니다. 그러니까 자기가 살아온 경험을 깊게 살펴보면 시부모든 남편이든 자식이든, 또는 자기 자신의 문제이든 그 문제의 근본 원인은 다 비슷하다는 것을 알게 됩니다.

> 스님의 지도를 받고 있는 정토회 사람들이 부럽습니다. 이 곳에서 행자로 살면 금방 삶이 변화할 수 있을 것 같습니다.

행자로 살든, 법사로 살든, 기도대중으로 3년 결사하고 들어와 있든 관계없이 저렇게 살면 어떻게 된다는 것이 눈에 빤히 보일 때가 있습니다. 그래도 말을 못할 때가 많습니다. 10명을 만나서 얘기를 해도 제대로 방향을 잡도록 도움을 줄 수 있는 사람은 1명 정도밖에 안 됩니다. 같이 살아도 그렇습니다.

법문 몇 번 듣고 함께 산다고 해서 금방 모든 것이 다 될 것이라고 덤비는 것은 지나치게 조급한 것입니다. 그것은 한꺼번에 해보려는 욕심에 지나지 않습니다. 처음 발심을 하고 정토회에 들어와 살기 시작했을 때와 지금을 비교해서 조금이라도 나아졌으면 좋은 일입니다.

참회기도를 할 때, 꼭 절을 해야 합니까?

절을 한다고 반드시 참회가 되는 것은 아닙니다. 그러나 절을 안 하는 것보다는 하는 것이 낫습니다. 절을 열심히 하는 분에게 이렇게 말할 때가 있습니다.

"절을 삼만 배 하느니 보다 마음 한 번 바꾸는 것이 낫습니다. 또는 절을 하지 말고 집에 가서 남편에게 물이나 한 번 떠주십시오."

이 때에 절을 하는 것이 필요 없다고 얘기하는 것은 아닙니다. 그 마음이 지금 절하는 데 있지 않고 다른 곳에 있다는 것을 일러 주는 것뿐입니다.

성철 큰스님은 신도들에게 삼천 배를 시키셨고, 대행 큰스님은 한 마음 돌이키면 된다고 가르치시는데 그 가운데 어느 한쪽이 더 중요한 가르침이 되는 것은 아닙니다. 절하라고 하면 절하고, 마음 바꾸라고 하면 바꾸면 되는데 욕심을 개입시켜서 어느 것이 더 나을까 머리를 굴립니다. 이치가 아닌 이해관계로 일어나는 마음이기 때문에 수행에는 아무런 도움이 안 됩니다.

> *대중과 함께 할 때, 어떻게 행동해야 할지 난감할 때가 있습니다. 또한 대중에게 어떤 희망을 주어야 하는데 그것이 잘 안 될 때가 있습니다.*

운전을 처음 배울 때, 이치는 다 알지만 운전이 잘 안 됩니다. 안 되는 게 정상입니다. 그런데 하루 해보고 나서 안 되는 것만 생각하면 그만 걷어 치워버리고 싶은 마음이 됩니다. 사실 안 되는 과정 속에서 되어가고 있는 것입니다. 실제로는 무엇인가 변화가 일어나고 있습니다. 제일 중요한 것은 바로 그것을 깨닫는 것입니다. 하루 중에 계속 넘어지기만 하는 것은 아닙니다. 수행이 깊은 사람의 경우에는 100번 중에 안 된 것이 한두 번밖에 없다고 해도 안 된 것을 이야기하는 것이 중요합니다. 그런데 이제 갓 시작한 초심자들의 경우는 10번 중에 한두 번이 될까 말까 합니다. 그 때 안 된 것을 얘기하는 것은 하나도 도움이 안 됩니다. 그 때는 10번 중에 한 번 된 경우를 얘기하는 것이 훨씬 더 도움이 됩니다. 그렇다고 지금 현재 상태에 만족하고 안이하게 지내라는 뜻은 물론 아닙니다. 고작 한 번 되고 아홉 안 되었는데 누가 방만할 수 있겠습니까? 아홉 번 안 된 얘기만 하고 있으면 하고 싶은 마음이 안 일어납니다. 무엇보다도 긍정적인 마음이 필요합니다. 잘 되었던 경험을 생각하며 어려움을 이겨나가야 합니다.

기도하는 중에 다리도 아프고 쬐도 나서 하기 싫은 데 어느 순간 기도문에 딱 집중하니까 갑자기 생각이 탁 바뀌면서 참회가 되었던 순간의 기억들이 있을 것입니다. 삼일 기도를 한다고 해서 삼일 내내 맑은 상태를 유지할 수 있는 것이 아닙니다. 계속 멍한 상태가 이어지다가 어느 순간에 갑자기 기분이 좋아지면서 힘이 나는 경우가 있습니다. 그런 순간을 잡아 그 때 왜 그랬는가를 생각해야 합니다. 그 때 어떤 상태였는가 하는 것을 찾아야 합니다. 절을 천 배쯤 하다보면 처음보다 나중에 더 힘들어지는 것이 순리입니다. 갈수록 힘이 빠지기 때문입니다. 그런데 정말 힘든 고비를 넘긴 순간 갑자기 절이 잘 되는 경우가 있습니다. 그 때 마음이 어떤 상태였는가를 살펴봐야 됩니다. 기도문이나 절에 집중하면 그런 변화가 감지됩니다. 정신없이 하다보면 그런 변화가 있었는지 없었는지 모르는데 기도문에 집중하면 비록 계속 집중되는 것은 아니더라도 그런 순간이 옵니다. 그 때 왜 그랬는가를 생각해 보면서 또 그렇게 해보려고 노력하면 잘 됩니다. 사람들과 이야기를 할 때도

"계속 안 되다가 기도문에 집중하다 보니 어떤 한 생각이 돌이켜지고 갑자기 생각이 달라지면서 마음이 편해졌다. 남편과 서로 의견이 맞지 않아 대립하다가 뭔가 한 생각이 바뀌면서 오히려 좋은 얘기를 건네게 되었다."

이런 경험을 같이 나누어 가질 수 있어야 합니다.

안 될 때는 어쩌다 한 번 되었을 때의 경험을 살려야 합니다. 잘 될 때는 자만하거나 방심하지 않도록 안 될 때의 경험을 살려야 합니다. 그리고 지금은 어렵고 힘들더라도 항상 희망적이어야 합니다.

재미있게 사는 길

세상을 살다 보면 여러 가지 어려움에 부딪치게 됩니다. 개인이든 조직이든 어떤 목표를 달성하고자 나아가는 과정에는 많은 장애와 어려움이 있게 마련입니다. 그런 어려움이 있을 때마다 '부처님께서는 어떻게 하셨는가'를 한 번 생각해 보면 그것을 교훈 삼아 문제를 풀어나갈 수가 있습니다.

부처님 당시에 부처님을 존경하고 좋아하다가 더 나아가서는 부처님을 사랑하게 된 아주 영특한 여인이 있었습니다. 그 여인은 부처님을 향한 자신의 각별한 마음을 알아주기를 바랐지만, 부처님은 다른 사람들과 조금도 차이가 없이 평등하게 대하셨습니다. 결국 그 여인은 실망해서 부처님을 미워하게 되고 어느 나라의 왕자와 결혼하여 부처님 곁을 떠나게 되었습니다. 그리고 그 왕자가 왕위를 계승하자 그녀는 왕후가 되었습니다.

그 후 부처님은 제자들과 더불어 그 나라에 가시게 되었습니다. 많은 사람들이 부처님의 법문을 듣고 부처님을 칭송했습니다. 사람들은 부처님의 가르침을 따르고 부처님 뵙기를 좋아했습니다. 궁중에 살고 있는 궁녀들까지도 부처님의 설법을 듣고 돌아와서 몹시 기뻐했습니다. 궁녀들의 그런 모습을 보자 왕후는 불현듯 다시 질투심이 일어났습니다. 그래서 왕에게 말하여 궁녀들이 부처님의 법문을 들으러 가지 못하게 하고 백성들도 부처님의 법문을 듣지 못하게 했습니다. 그 뿐만 아니라 부처님께 공양조차 올리지 못하게 했습니다. 이렇게 부처님께서 냉대를 받게 되었을 때 아난존자가 부처님께 말씀드렸습니다.

"이런 나라에 부처님께서 계실 필요가 있습니까? 다른 나라에 가면 부처님을 존경하고 환영하는 사람들이 많습니다. 다른 나라로 가시는 것이 좋을 것 같습니다."

그 때 부처님이 아난존자에게 물었습니다.

"아난아, 만약에 다른 나라 사람들도 환영하지 않고 냉대하며 나아가서 박해하면 어떻게 하겠느냐?"

그러자 아난존자가 대답했습니다.

"부처님, 그러면 또 다른 나라로 가면 될 것입니다."

부처님은 아난존자에게 다시 물었습니다.

"아난아, 만약에 그 나라에서도 또 박해를 받고 냉대를 받으면 어떻게 하겠느냐?"

아난존자는 다시 대답했습니다.

"부처님, 그러면 또 다른 나라로 가면 될 것입니다."

부처님이 다시 물었습니다.

"아난아, 만약에 그 나라에서도 또 박해를 받고 냉대를 받으면 어떻게 하겠느냐?"

"부처님, 그러면 또 다른 나라로 가면 될 것입니다."

세 번째도 같은 대답을 했지만 이미 아난의 마음에는 무엇인가 변화가 있었습니다. 그러자 부처님께서 말씀하셨습니다.

"아난아, 우리가 환영받는 것을 선호하게 되면 우리는 계속 쫓겨다니게 된단다. 내가 선택해서 가는 것 같지만 결과적으로 이는 쫓겨다니는 것이 되는 것이다."

이 때 아난존자의 모습은 문제를 피하려고만 하는 오늘날의 우리들의 모습과 같습니다.

부처님의 말씀은 우리의 삶을 어떻게 풀어가야 할 것인가 하는 문제에 있어 중요한 지침이 됩니다. 우리 삶에 있어 당면한 문제들을 외면하고 싫은 마음에 사로잡히게 되면 늘 쫓겨다니면서 허덕거려야 합니다. 당면 과제를 피하지 말고 과감하게 그대로 밀고 나가야 그것에서 벗어나서 자유롭게 됩니다. 싫은 마음을 내려놓게 될 때 진정한 자유를 얻게 되는 것입니다.

부처님의 지혜는 언제나 우리들의 생각을 훨씬 뛰어넘는 진실을 보여주고 있습니다. 부처님의 말씀을 잘 새겨보면 우리들

각자가 해야 할 일들 속에서 자신이 하고 싶은 것, 좋아하는 것만 쫓아다닌다면 그것이 오히려 쫓기는 삶을 만드는 일이 된다는 것을 알 수 있습니다. 그렇다고 주어진 일을 자신의 상황과 무관하게 무조건 다 하려고 한다면 그것은 또 욕심이 되고 번뇌가 생기게 합니다. 욕심을 내려놓고 주어진 일을 능력껏 수용해야 됩니다. 그렇게 하면 우리는 언제나 평화와 자유를 만끽할 수 있습니다. 이런 삶을 살기 위해서 우리가 실천해야 할 것들이 있습니다.

첫째, 좀더 재미있게 살아야 합니다. 일은 즐겁게 해야 합니다. 가끔 짜증을 내는 사람들이 있더라도 좀 기다려 주는 마음을 가질 수 있어야 합니다. 잘 먹는 것이 아니고 잘 입는 것도 아니지만 사는 것은 좀 재미있게 살아서 다른 사람들이 우리를 부러워하도록 해야 합니다. 보다 많은 사람들이 삶의 방향을 바꾸어 보려는 마음을 내도록 우리 스스로가 즐겁고 행복하게 살아야 합니다. 지금 재미없이 산다면 나중에 인생을 다 살고 난 뒤 후회할 것입니다.

둘째, 정토회에 들어오는 사람들이 참 각양각색인 만큼 서로 다른 것들에 대해서 인정하고 수용할 수 있어야 합니다. 못 하는 사람은 좀 기다려주고, 또 잘 하는 사람을 보면서 너무 열등의식 느끼지 말고 자기 자신에게 맞게끔 해나가면 됩니다. 서로가 서로를 인정할 수 있었으면 좋겠습니다.

셋째, 우리가 하고 있는 일에 대해 자긍심을 가졌으면 좋겠습니다. 우리가 계속 이렇게 살면 죽을 때까지 변변한 사회적 지위 한 번 못 가져볼 수도 있습니다. 하지만 그런 데서 열등의식을 느껴서는 안 됩니다. 열등의식을 가지게 되면 반드시 자기를 방어하는 교만심이 생깁니다. 우리는 자긍심을 가지면서 겸손할 수 있어야 합니다.

넷째, 자기 의견을 솔직하게 개진하는 것이 필요합니다. 이것은 자기 의견을 고집하는 것과는 다릅니다. 사람은 누구나 자기를 이해해 주기를 원합니다. 하지만 말을 하지 않으면 이해하기가 어렵습니다. 자신의 상태나 마음을 다른 사람에게 솔직하게 얘기하고 원하는 것을 요구할 수 있어야 합니다. 그 요구를 고집하지만 않는다면 요구하는 것이 더 좋습니다. 그래야만 내부에서 의사소통이 원활해집니다. 의사소통이 중간에 단절되지 않도록 더 많은 의견들을 자주 나누기를 바랍니다.

정토총서 ④
일과 수행, 그 아름다운 조화

1판 1쇄 발행 2002년 1월 31일
2판 3쇄 발행 2006년 4월 1일

펴낸이 | 김정숙
엮은이 | 정토회 기획실

펴낸곳 | 정토출판
등 록 | 1996년 5월 17일(제22-1008호)
주 소 | 06653 서울시 서초구 효령로51길 7(서초동)
전 화 | 02-587-8991
전 송 | 02-6442-8993
이메일 | jungtobook@gmail.com

isbn 89-85961-35-7 0322
isbn 89-85961-16-0 (세트)

ⓒ 2018 정토출판

이 책 내용의 일부 또는 전부를 재사용하려면
반드시 정토출판의 동의를 받아야 합니다.